Carmen Ramirez Schmidt

Das Kinder-Yoga-Mitmach-Buch

Mit Freude und Spaß
Bewegung und Entspannung erleben

1. Auflage 2008

Verlag Via Nova, Alte Landstraße 12, 36100 Petersberg

Telefon: (06 61) 6 29 73
Fax: (06 61) 9 67 95 60
E-Mail: info@verlag-vianova.de
Internet:
www.verlag-vianova.de

Umschlag: Marketing Design Service GmbH, Hamburg
Druck und Verarbeitung: Fuldaer Verlagsanstalt, 36037 Fulda

ISBN 978-3-86616-117-7

Widmung

Dieses Buch widme ich meinen beiden Kindern Julian und Viviane (die in diesem Buch Modell gestanden haben) und allen kleinen Yogis und Yoginis, als Dank für ihre Begeisterung in den Yogakursen.
Bei denjenigen, die mir großzügig und geduldig beim Herstellen dieses Buches geholfen haben, möchte ich mich hier ganz besonders bedanken. Vor allem bei meinem Mann Andreas Riester, ohne dessen fachliche Hilfe dieses Buch nicht zustande gekommen wäre und ebenso Herrn Dincer für das Layout.

Anmerkung der Autorin

Die Benutzer dieses Buches sollten in einem guten gesundheitlichen Allgemeinzustand sein und keine gravierenden Probleme haben.
Die Autorin übernimmt keine Haftung, falls es beim Ausüben der hier beschriebenen Yogahaltungen zu Verletzungen kommen sollte.

Vorwort

Neben den positiven körperlichen Effekten hat mich der Yoga im emotionalen und seelischen Bereich sehr stark bereichert. Er schafft mir einen schönen und leichten Zugang zu mir selbst. Ich kann ihn überall und unabhängig von Anderen praktizieren. Yoga stärkt mich, macht mich zufrieden und glücklich. Ein Leben ohne Yoga kann ich mir nicht mehr vorstellen. In meiner Arbeit habe ich festgestellt, dass die Kinder die gezielte Bewegung lieben. Die Wirkung der Übung schafft eine gute Verbindung zwischen Außen und Innen, sodass die Kinder auch ihre Gefühle spüren und nach außen tragen können. Ich persönlich halte das für ein lohnenswertes Ziel.
Ich wünsche allen Yogis/Yoginis und allen die es noch werden wollen, viel Freude mit dem Kinderyogamitmachbuch.

Namaste

Inhalt

Einführung

Die Yogahaltungen

Yogageschichten (Übungsreihen)

Inhalt

Der Atem

Yoga kann dir helfen

Sanskrit

Kreativer Teil

Wie Yoga entstanden ist

Vor vielen Jahrtausenden wurde der Yoga durch weise Menschen in Indien entdeckt. Die Weisen beobachteten aufmerksam die Tiere und Pflanzen.

Sie sahen, wie geschmeidig sich die Katzen bewegten, wie kraftvoll der Löwe brüllen konnte oder wie die Schlange ihren Körper nach und nach aufrichtete.

Sie wollten so fest und sicher wie ein Fels oder Baum stehen können oder so beweglich werden wie eine Blume, die sich im Wind wiegt.

So ahmten sie die Tiere und Pflanzen nach, indem sie sich mit ihrem Körper streckten, dehnten und danach wieder entspannten. Dabei beobachteten sie sehr achtsam ihren Atem.

Sie merkten, wie gut ihnen das tat und dass sie sich richtig wohl fühlten.

So entstanden viele Yogahaltungen, auch Asanas genannt. Ihre Namen bekamen sie oft von den Tieren und Pflanzen, manchmal auch von Gegenständen.

Die weisen Männer wussten jedoch, dass es nicht genügt, seinen Körper zu stärken und ihn fit zu halten. Wichtig ist es auch, mit sich und Anderen freundlich umzugehen und nicht nur an sich, sondern auch an die Anderen zu denken.

So wurde Yoga zu einem Übungsweg, der einem half, den Körper gesund und kräftig zu halten, seinen Geist (die Gedanken) zu beruhigen und sich mit sich selbst und Anderen wohl zu fühlen.

Die Sprache, die in Indien früher von den Weisen gesprochen wurde, heißt Sanskrit.

Man benutzt sie auch heute noch für die Namen der Yogahaltungen. Die Yogalehrer und Yogalehrerinnen übersetzten diese Namen ins Deutsche, damit du weißt, was sie bedeuten.

Inzwischen wird in sehr, sehr vielen Ländern Yoga geübt.

Auch du darfst jetzt anfangen!

Das ist das Gute am Yoga-Üben

- Es macht Spaß!
- Es bringt in deinen ganzen Körper Ruhe und Energie, du bekommst gute Laune.
- Es hält den Körper fit und beweglich und macht deinen Geist klar, was dir prima in der Schule helfen kann.
- Es kann dich beruhigen, wenn du aufgeregt bist oder dich muntermachen, wenn du müde bist.
- Es hilft, keine Schmerzen zu bekommen (z.B. Rückenschmerzen von zu vielem Sitzen), und hilft, wenn du schon Schmerzen hast (z.B. bei Kopfschmerzen).
- Es gibt dir Selbstvertrauen und Selbstbewusstsein, wenn du schwierige Übungen irgendwann mal kannst.
- Es gibt keine Noten und du bestimmst immer selber, wann du ein Stückchen weitergehen willst.
- Du kannst ihn fast überall machen, wo du ein wenig Platz und Ruhe hast.
- Übrigens: Bei vielen Sportarten macht man vorher „Yoga"!

Die goldenen Yogaregeln zum Üben

Beachte:

1. Ungefähr zwei Stunden vor dem Üben: Iss keine schweren Mahlzeiten, z.B. Pommes, Pizza oder dicke Käsebrote. Obst, ein Keks oder etwas zu trinken sind eine halbe Stunde vorher erlaubt.
2. Finde einen ruhigen Platz, auf dem du fest am Boden stehen kannst, ohne wegzurutschen. Eine feste Yogamatte ist ideal.
3. Du brauchst bequeme Kleidung, in der du dich gut bewegen kannst.
4. Halte jede Übung so lange, wie es dir angenehm ist.
5. Atme ruhig und gleichmäßig durch die Nase. Spüre, wie der Atem ein- und ausströmt.
6. Zum Schluss mache immer die End-Entspannung.
7. Es tut gut, regelmäßig Yoga zu üben, auch wenn es nur 10 Minuten am Tag sind.
8. Mach Yoga mit Freude, eine größere Belohnung kannst du dir nicht schenken.

Die Yogahaltungen (Asanas)

Jetzt geht es los

Ziehe dir bequeme Sachen an, in denen du dich bewegen kannst, und hole dir (wenn du sie hast) eine rutschfeste Matte. Sonst kannst du auch auf einem Holz- oder Teppichboden üben.

Zum Anfang: Aufwärmen

Suche dir eine der folgenden Aufwärmübungen aus und mach sie ein paarmal oder einige Minuten lang:

- Tanze nach deiner Lieblingsmusik.
- Mache den Affen mit der Gorillaatmung (siehe unter Atemübungen).
- Schwingen: Bleibe fest mit den Füßen am Boden stehen und schwinge deine Arme nach links und rechts, ohne dich von dem Platz wegzubewegen (vielleicht mit einer ruhigen Musik).
- Mache die Holzhackeratmung (siehe unter Atemübungen).
- Anschlagen: Bleibe fest mit den Füßen am Boden stehen und berühre nacheinander deinen Kopf, deine Schultern, die Brust, den Bauch, die Beine und die Füße. Nenne dabei jedes Mal den Namen des Körperteils. Fange langsam an und werde immer schneller. Es darf gelacht werden!
- Abklopfen oder ausstreichen:
  Mit leichten Schlägen klopfe deinen Körper von oben nach unten und von unten nach oben ab oder streiche ihn aus.
- Spring in den Hampelmann.
- Lauf auf der Stelle, ohne dich vom Platz wegzubewegen. Nimm dabei deine Arme mit und boxe vor dir in die Luft.

Haltungen (Asanas)

- Beginne mit leichten Haltungen.
- Mache die Haltungen langsam und achtsam. Hektik ist unerwünscht.
- Atmen, atmen, atmen;
  auf gar keinen Fall vergessen.
- Ein Yogi/ eine Yogini atmet durch die Nase. Versuche es.
- Bleibe locker und entspannt im Kopf.
- Mache die Stellungen immer zu beiden Seiten, damit dein ganzer Körper Energie bekommt.

End-Entspannung - Savasana

Mache auf jeden Fall eine End-Entspannung. Da dein Körper aktiv war, braucht er jetzt unbedingt eine Pause, damit die Stellungen gut wirken können.
Hast du länger als 15 min. geübt, lege dich mit dem Rücken auf eine Decke am Boden, die Füße ungefähr hüftweit auseinander, die Arme liegen etwas vom Körper entfernt. Die Augen sind geschlossen. Magst du dich zudecken? Vielleicht hörst du dabei eine ganz ruhige Musik (sie sollte mindestens 5 Minuten lang sein). Oder bleibe auch ohne Musik mindestens 5 Minuten liegen.
Entspanne dich vollkommen.
Hast du nur wenige Yogahaltungen geübt, reicht zur Entspannung auch die Maus oder die Stellung des Kindes.

Die verschiedenen Arten von Haltungen

Haltungen im Stehen

- Der Berg (Tadasana)
  Variationen: Sonne, großer und kleiner Vogel, Frosch
- Der Vollmond
- Der Baum (Vrksasana)
  Variationen: die Palme, der Storch
- Das große Dreieck (Trikonasana)
- Das kleine Dreieck (Parsvakonasana)
- Der Krieger (Virabhadrasana 1 und 2)
- Die Schwalbe
- Der fliegende Adler / Der stehende Adler (Garudasana)
- Der Halbmond (Ardha Candrasana)
- Die Biene (Utkatasana)
- Der Tigersprung (Prasarita Padottanasana)
- Die Vorwärtsbeuge (Uttanasana)

Haltungen im Sitzen

- Der Stab (Dandasana)
- Der halbe und ganze Lotussitz (Padmasana) –
  Variationen: Lotusblume, der kleine Berg, schlafende Lotusblume, die Tulpe oder Herzensblume
- Der Schmetterling (Baddha Konasana)
- Der Fersen- oder Diamantsitz (Vajrasana)
- Der Sitz zwischen den Fersen (Virasana)
- Die Kuh (Gomukasana)
- Der Löwe (Simhasana)
- Die Ranke (Maricyasana)
- Das Steinblümchen
- Der Schaukelstuhl
- Das große Boot (Paripurna Navasana)
- Das kleine Boot (Ardha Navasana)
- Pfeil und Bogen (Akarna Dhanurasana)
- Das Buch (Paschimottanasana)
- Die Schildkröte (Kurmasana)

Kniende oder liegende Haltungen

- Die Haltung des Kindes (Adho Mukha Virasana)
  Variation: Maus
- Der Taubenkönig (Rajakapotasana)
- Die Katze (Cakravakasana)
- Der Tiger (Vyaghrasana)
- Der Stern (Parighasana)
- Das Kaninchen (Shashankasana)
- Der abwärtsgerichtete Hund (Adho Mukha Svanasana)
- Der aufwärtsgerichtete Hund (Urdhva Mukha Svanasana)
- Der Wegweiser (Vasisthasana)
- Die Rutschbahn (Purvottanasana)
- Der kleine Fisch (Matsyasana)
- Das Krokodil (Jathara parivartanasana)

Umkehrhaltungen

- Der Schulterstand (Salamba Sarvangasana)
- Der Pflug (Halasana)
- Die Schulterbrücke oder kleine Brücke (Setu Bandha Sarvangasana)

Rückwärtsbeugen

- Das Kamel (Ustrasana)
- Die Kobra (Bhujangasana)
- Die Heuschrecke (Salabhasana)
- Der Bogen (Dhanurasana)
- Die große Brücke (Urdhva Dhanurasana)

Haltungen im Stehen

Der Berg – Tadasana

Haltung:

Steh aufrecht und gerade auf dem Boden. Spür die Kraft der Erde. Spreiz die Zehen und stehe fest mit beiden Füßen am Boden, als ob ein Magnet sie anziehen würde. Streck die Beine und zieh die Kniescheiben nach oben. Streck den Oberkörper nach oben. Nimm deine Schultern ein wenig zurück und runter und streck deine Arme neben dem Körper gerade nach unten. Deine Finger sind geschlossen und zeigen mit den Spitzen nach unten. Der Kopf sitzt gerade auf deinem Hals.

Stell dir vor: An der hinteren Mitte des Kopfes ist ein dünnes Seil, das dich sanft hochzieht. Deine Augen schauen ruhig nach vorne.

Du bist fest und unbeweglich wie ein großer Berg.

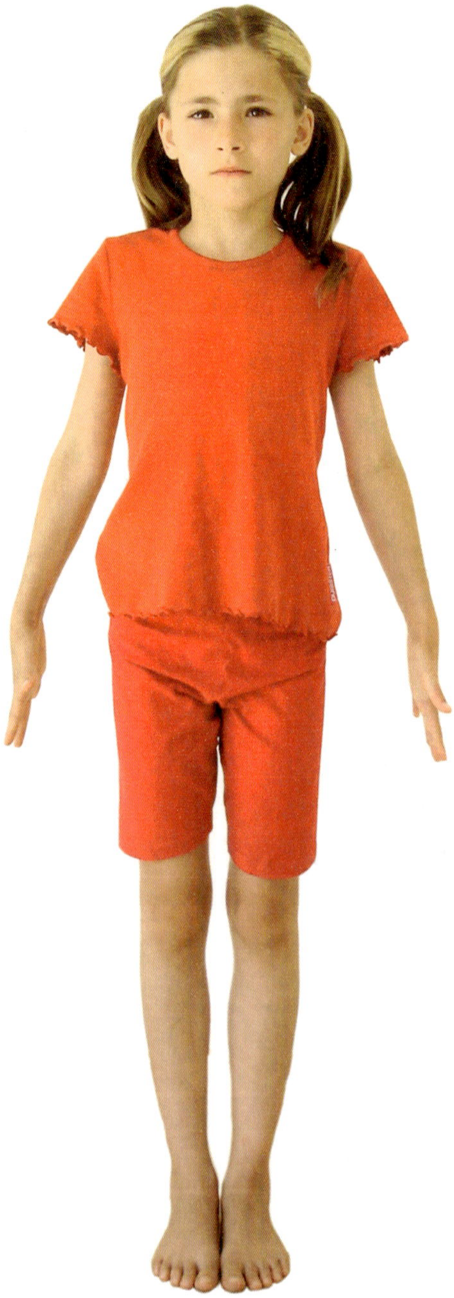

Wirkung:

Dein Körper ist fest und deine Gedanken sind beweglich. Du kannst so zur Ruhe kommen. Der Berg ist die Haltung, mit der alle Stehhaltungen anfangen.

Variation: *Die Sonne*

Geh in den Berg. Nimm die Füße hüftweit auseinander. Streck deine Arme schräg nach links und rechts weit über den Kopf nach oben. Spreiz deine Finger und zeig mit den Handflächen nach vorne.

Wirkung:

Du dehnst Arme, Beine und Finger. So kann deine Energie sehr schön fließen.

Variation:
Der große Vogel – Vihangasana

Haltung:
Geh in den Berg. Jetzt wirst du ein großer Vogel. Du hebst einatmend deine gestreckten Arme in Schulterhöhe und gehst gleichzeitig auf die Zehenspitzen. Beim Ausatmen nimm die gestreckten Arme nach vorn, dass sich zart die Handflächen berühren. Gleichzeitig stellst du deine Füße wieder fest auf den Boden.

Wirkung:
Du kannst mit dem Vogel dein Gleichgewicht üben.

Variation: *Der kleine Vogel*

Haltung:

Stell dich in den Berg. Streck deine Arme in Schulterhöhe zur linken und rechten Seite weg. Die Handflächen zeigen nach oben. Jetzt beuge die Unterarme und berühre mit deinen Fingerspitzen oben deine Schultern. Das sind deine kleinen Flügel.

Wenn du damit fliegen willst, bewege die angebeugten Arme hoch und runter, vor und zurück und lass sie dann kreisen.

Wirkung :

Die Übung lockert und kräftigt deinen ganzen Schulterbereich, das hilft bei langen Arbeiten an den Hausaufgaben oder am Computer.

Variation: *Der Frosch – Malasana*

Haltung:

Stell dich in den Berg. Nimm die Füße vorn weit auseinander, die Fersen berühren sich nicht. Deine Hände legst du in Namaste. Beuge die Beine und geh in die Hocke, ohne umzufallen, deine Knie gehen dabei auseinander. Deine Arme und Hände sind zwischen den Beinen.

Der Frosch kann auch hüpfen. Streck dich hoch, bis du wieder aufrecht stehst, und streck deine Arme mit aneinandergelegten Handflächen hoch über deinen Kopf. Hüpf los, hoch und runter, hoch und runter.

Hinweis:

Wenn du nicht runterkommst, ohne umzukippen, leg dir eine gefaltete oder eingerollte Decke unter die Fersen.

Wirkung:

Die Übung hilft bei Rundrücken, bei Asthma und Bronchitis. Sie ist eine wunderbare Gleichgewichtsübung und lockert die Hüftgelenke.

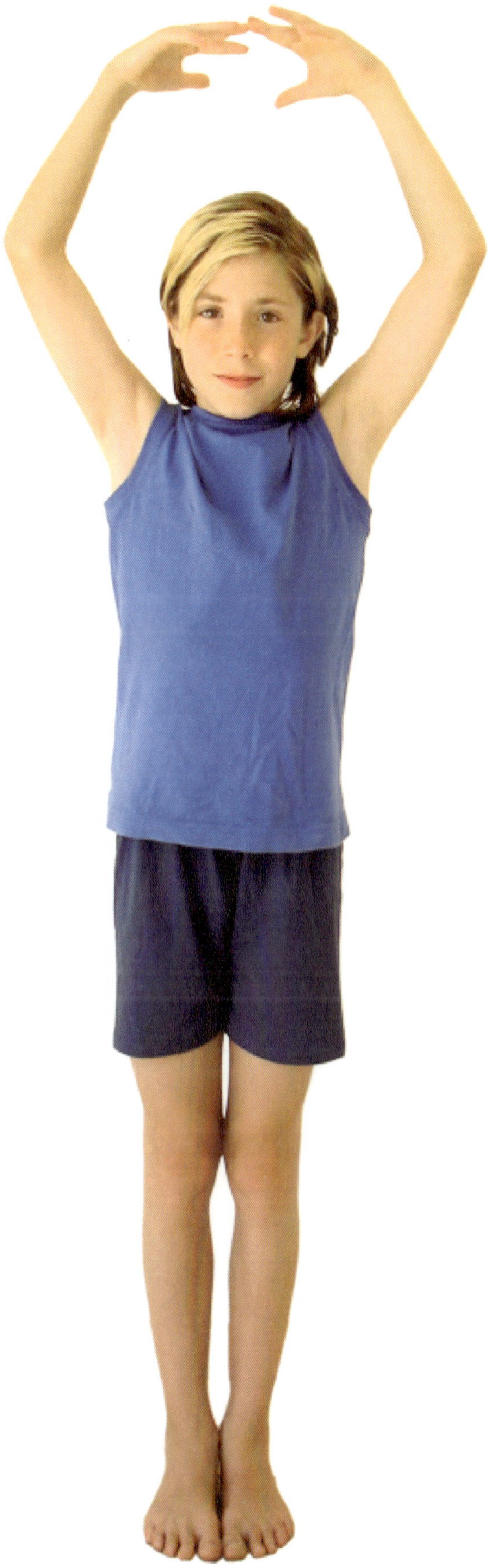

Der Vollmond

Haltung:
Geh in den Berg. Nimm die Füße hüftweit auseinander. Heb die gestreckten Arme nach oben. Die Schultern gehen runter. Die Handflächen zeigen zueinander. Spreiz jetzt die Finger weit auseinander, beuge die Arme an, lass die Fingerspitzen der Mittelfinger sich berühren und bilde so einen Kreis, den Vollmond. Dein Kopf wächst vom Nacken aus gerade nach oben.

Wirkung:
Die Übung hilft dir, dich zu konzentrieren.

Der Baum – Vrksasana

Haltung:

Geh in den Berg. Stell dir vor, aus deinen Fußsohlen wachsen Wurzeln in die Erde hinein. Deine Beine, der Stamm, sind fest. Schau mit den Augen auf einen Punkt vor dir auf den Boden. Es hilft dir, dein Gleichgewicht zu halten. Nimm deine Hände auf die Hüften. Jetzt verlagere dein Körpergewicht auf den linken Fuß, beuge das rechte Bein an und stell die rechte Fußsohle an die Innenseite des linken Beines, so hoch, wie du kannst. Das rechte Knie nimm weit zur rechten Seite.

Heb die gestreckten Arme erst zur Seite und dreh die Handflächen nach oben. Heb die Arme weiter, streck sie über den Kopf und lege die Handflächen aneinander. Werde zu einem Baum.

Wiederhole die Stellung auf dem rechten Bein.

Wirkung:

Die Übung stärkt die Beinmuskeln und hilft dein Gleichgewicht zu halten, dadurch fühlst du dich ausgeglichen. Sie fördert die Beweglichkeit der Hüftgelenke. Sie hilft dir, dich zu konzentrieren z.B. vor einer wichtigen Arbeit.

Variation: *Die Palme*

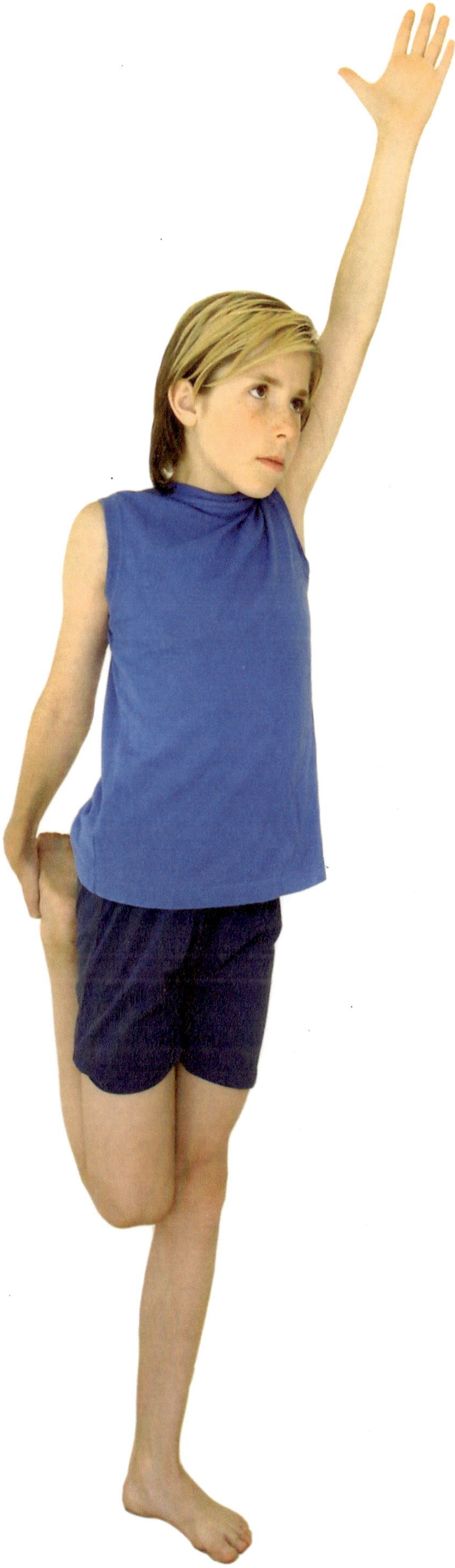

Haltung:

Geh in den Berg. Stell dir vor, aus deinen Fußsohlen wachsen Wurzeln in die Erde hinein. Deine Beine, der Stamm, sind fest. Schau mit den Augen auf einen ruhigen Punkt vor dir auf den Boden. Es hilft dir dabei, dein Gleichgewicht zu halten. Nimm deine Hände auf die Hüften. Jetzt verlagere dein Körpergewicht auf den linken Fuß. Beug dein rechtes Bein und greife mit der rechten Hand deinen rechten Fuß. Ziehe den Fuß bis zu deinem Po, das Knie zeigt weiter nach unten. Streck deinen linken Arm am Kopf vorbei gerade nach oben.
Wiederhole die Stellung auf dem rechten Bein.

Wirkung:

Ähnlich wie beim Baum.

Variation: *Der Storch*

Haltung:

Geh in den Berg. Verlagere dein Körpergewicht auf den linken Fuß. Beuge das rechte Bein und hebe es langsam nach vorne bis in Hüfthöhe. Deine Arme streckst du in Schulterhöhe nach vorne aus und legst die Handflächen aneinander. Das ist dein Schnabel.

Der Storch kann sich bewegen. Streck das rechte Bein in Hüfthöhe gerade nach vorne aus und öffne gleichzeitig die gestreckten Arme (deinen Schnabel) in Schulterhöhe zur Seite. Wiederhole die Stellung auf dem rechten Bein.

Wirkung:

Du kannst dein Gleichgewicht üben und deine Bewegungen aufeinander abstimmen. Die Übung kräftigt Arme und Beine.

Das großes Dreieck – Trikonasana

Haltung:

Geh in den Berg. Geh in die Grätsche. Streck deine Arme seitlich in Schulterhöhe. Dreh den rechten Fuß um 90° nach rechts, den linken Fuß ein wenig nach innen. Beug dich über dein rechtes Bein, die Brust zeigt weiter nach vorn. Stell dir vor, dein Freund oder deine Freundin zieht dich an deinem rechten Arm weit zur rechten Seite. Dann nimm deine rechte Hand nach unten zum rechten Schienbein. Den linken Arm streck nach oben. Schaue nach oben zum Daumen deiner linken Hand. Schaffst du das, ohne umzukippen?
Wiederhole die Stellung zu der anderen Seite.

Wirkung:

Die Übung macht starke Beinmuskeln und macht Beine und Hüften beweglich (für alle Läufer/innen und Fußballer/innen wichtig). Sie heilt Rückenschmerzen und öffnet deine Brust zum guten Durchatmen.

Das kleine Dreieck – Parsvakonasana

Haltung:

Geh in den Berg. Geh in die Grätsche. Streck deine Arme seitlich in Abstand Schulterhöhe. Dreh den rechten Fuß um 90° nach rechts, den linken Fuß ein wenig nach innen. Beuge das rechte Bein, bis dein Po in Höhe des rechten Knies ist. Zieh dich mit deinem rechten Arm weit über dein gebeugtes Bein hinaus. Dann stelle deine rechte Hand wie ein kleines Zelt außen neben dem rechten Fuß auf. Streck deinen linken Arm schräg nach rechts nahe an deinem Kopf.

Wirkung:

Diese Haltung stärkt und dehnt deine Beine. Deine Brust wird geöffnet, du kannst besser atmen.

Der erste Krieger – Virabhadrasana 1

Haltung:

Geh in den Berg. Geh in die Grätsche. Dreh den rechten Fuß um 90° nach rechts, den linken Fuß ein wenig nach innen. Nimm die Hände auf die Hüften und dreh Becken und Oberkörper nach rechts, schau gerade nach rechts. Jetzt streck die Arme senkrecht nach oben, schau nach vorne oder oben und beuge das rechte Bein, bis dein Po in Höhe des rechten Knies ist.

Jetzt mach die Haltung zu der anderen Seite.

Wirkung:

Bei dieser Haltung wird die Brust voll geweitet, das unterstützt die tiefe Atmung. Sie macht Rücken, Schultern und Nacken beweglich.

Sie gibt dir viel Kraft und Energie.

Der zweite Krieger – Virabhadrasana 2

Haltung:

Geh in den Berg. Geh in die Grätsche. Streck deine Arme seitlich in Schulterhöhe. Dreh den rechten Fuß um 90° nach rechts, den linken Fuß ein wenig nach innen. Dein Oberkörper bleibt gerade und aufrecht. Beug jetzt das rechte Bein, bis dein Po in Höhe des rechten Knies ist. Schau auf deine rechte Hand.

Wirkung:

siehe Krieger 1

Die Schwalbe

Haltung:

Geh in den Berg. Nimm die Füße hüftweit auseinander. Lege deine Hände auf die Hüften. Geh mit dem rechten Fuß einen Schritt nach vorne. Nimm dein Gewicht auf den rechten Fuß. Beuge dein rechtes Bein und streck dich mit dem Oberkörper nach vorne. Jetzt nimm dein ganzes Gewicht auf das rechte Bein, streck es fest durch und heb dabei dein hinteres, gestrecktes Bein so hoch, bis es genau in Hüfthöhe ist. Streck deine Arme seitlich in Schulterhöhe aus wie eine Schwalbe.
Wiederhole die Stellung mit deinem anderen Bein.

Wirkung:

Du bekommst Kraft und lernst das Gleichgewicht zu halten. Sie gibt deinem Körper und deinen Gedanken Ruhe und Konzentration.

Der fliegende Adler

Haltung:

Geh in den Berg. Nimm die Füße hüftweit auseinander. Heb die gestreckten Arme seitlich bis in Höhe der Schultern. Deine Finger sind gestreckt und geschlossen. Deine Handflächen zeigen nach unten. Langsam -du willst doch nicht abstürzen- drehst du den Oberkörper mehrere Male nach links und rechts. Dein Becken zeigt dabei immer nach vorne und du bleibst mit den Füßen fest am Boden.

Wirkung:

Die Übung verbessert dein Körpergefühl und durch die Drehung der Wirbelsäule hilft sie wunderbar bei Rückenschmerzen. Deine Arme werden kräftiger.

Der stehende Adler – Garudasana

Haltung:

Geh in den Berg. Verlagere dein Gewicht auf den linken Fuß. Schau mit den Augen auf einen Punkt vor dir auf dem Boden. Es hilft dir, dein Gleichgewicht zu halten. Beuge ein wenig das linke Bein und dreh das rechte Bein von vorne um das linke Bein herum. Der rechte Fußrücken berührt jetzt deine linke Wade.

Beug die Arme und heb sie etwas nach vorne, die Unterarme zeigen nach oben. Nimm den rechten Ellbogen in die linke Armbeuge. Schieb die Finger der linken Hand am rechten Daumen vorbei auf die rechte Handfläche. Die Arme sind nun verdreht. Dehn die Ellbogen etwas nach vorne und nach oben. Dies ist der Schnabel des Adlers.

Wiederhole die Haltung zur anderen Seite.

Hinweis:

Das ist eine sehr schwierige Stellung. Nimm erst die Arme hinzu, wenn du sicher das Gleichgewicht halten kannst.

Wirkung:

Die Übung hilft dein Gleichgewicht zu verbessern und deine Schultern aufzulockern.

Der Halbmond – Ardha Candrasana

Haltung:

Geh in den Berg. Streck deine Arme über den Kopf. Deine Schultern gehen nach unten. Verhake deine Daumen. Beuge dich mit deinem Oberkörper zur rechten Seite. Die Arme bleiben gestreckt und nah bei den Ohren.

Wiederhole die Haltung zur anderen Seite.

Wirkung:

Die Übung macht deine Wirbelsäule beweglicher und verhindert Rückenschmerzen z.B. von zu langem Sitzen vor dem Fernseher oder Computer. Sie hilft bei Skoliose. Dein Brustkorb wird gedehnt. Die Atmung wird angeregt, das gibt dir Energie.

Die Biene – Utkatasana

Haltung:

Geh in den Berg. Nimm die Füße hüftweit auseinander. Jetzt streck die Arme nach oben, die Innenseiten der Handflächen schauen sich an. Beuge die Beine, als ob du dich auf einen Stuhl setzt.

Nun senkst du die gestreckten Arme seitlich bis auf die Höhe der Schultern. Summe wie eine Biene.

Wirkung:

Die Muskeln der Beine werden gestärkt.

Der Tigersprung – Prasarita Padottanasana

Haltung:

Geh in den Berg. Geh in eine weite Grätsche. Deine Füße stehen fest auf dem Boden, die Zehen zeigen nach vorne. Streck deine Arme gerade nach oben. Die Handflächen schauen sich an. Jetzt beuge langsam mit gestrecktem Rücken deinen Oberkörper nach vorne, bis du deine Hände weit vor dir am Boden aufsetzen kannst. Du schaust nach vorne. Sei so gespannt und konzentriert wie ein Tiger, der zum Sprung ansetzen will.

Wirkung:

Die Übung kräftigt die Beine, Arme, Hände und Schultern. Dein Bauchraum wird gut durchblutet.

Die Vorwärtsbeuge - Uttanasana

Haltung:

Geh in den Berg. Beuge dich nach vorne und lass deinen Oberkörper nach unten hängen, die Beine bleiben stabil. Alles hängt entspannt: dein Oberkörper, deine Arme und dein Kopf (wie bei einer Marionette, die sich verbeugt).
Bleibe ein wenig länger in der Stellung. Mit der Zeit wirst du merken, dass deine Hände immer näher zum Boden kommen. Wenn du das ohne nach zuhelfen schaffst, greif deine Fußgelenke und zieh deinen Oberkörper kurz an die Beine. Hebe das Kinn an und komme einatmend langsam mit geradem Rücken und gestreckten Beinen nach oben.

Wirkung:

Wenn du aufgeregt bist, beruhigen sich die Gedanken. Du fühlst dich ruhiger.

Haltungen im Sitzen

Der Stab – Dandasana

Haltung:

Setz dich mit geradem Oberkörper auf den Boden und streck die Beine aus. Sie liegen eng beieinander. Mach sie ganz fest und lang. Streck deine Fersen nach vorne. Deine Zehen zeigen zur Decke. Vom hinteren Kopf aus wächst du in die Höhe, so dass dein Rücken und Hals ganz gerade sind. Den Po mit den Sitzknochen drücke dabei fest in den Boden. Deine Schultern gehen ein wenig zurück. Stütz dich mit den Händen neben dem Po ab. Die Hände hast du zu kleinen Zelten geformt.

Wirkung:

Deine Rücken-, Lenden- und Beckenmuskeln werden sich freuen, sie werden durch diese Stellung kräftiger.

Der halbe Lotussitz

Haltung:

Setz dich mit gekreuzten Beinen auf den Boden. Greif deinen rechten Fuß und leg ihn vorsichtig ganz nah beim Becken auf deinen linken Oberschenkel. Dein Oberkörper ist vollkommen aufgerichtet und gerade. Stell dir vor, an deinem Hinterkopf ist eine Schnur, an der du vorsichtig nach oben gezogen wirst. Bleibe trotzdem fest auf deinem Po sitzen. Deine Hände liegen locker auf deinen Oberschenkeln.
Wiederhole die Stellung zur anderen Seite.

Wirkung:

Du kannst in dieser Haltung stabil und aufrecht sitzen. So kannst du gut Atemübungen machen oder meditieren.

Der ganze Lotussitz – Padmasana

Haltung:

Setz dich in den halben Lotussitz. Liegt dein rechter Fuß auf dem linken Oberschenkel, legst du nun vorsichtig den linken Fuß ganz nah beim Becken auf deinen rechten Oberschenkel. Deine Hände liegen locker auf deinen Oberschenkeln.
Du kannst aber auch die Arme strecken und die Handrücken auf den Oberschenkeln ablegen. Daumen und Zeigefinger jeder Hand berühren sich, die anderen Finger sind gestreckt.

Wirkung:

Siehe beim halben Lotussitz.

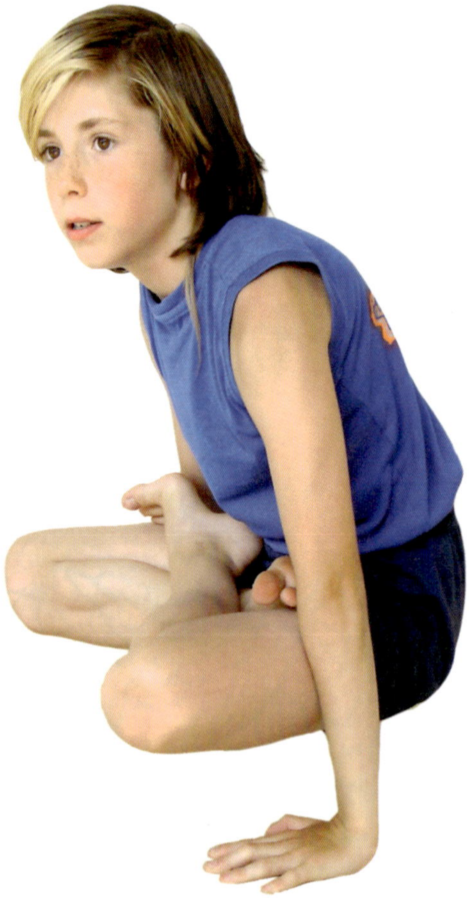

Variation: *Die Lotusblume*

Haltung:

Sitz im ganzen oder halben Lotussitz. Leg deine Hände in Namaste vor die Brust. Schieb die Hände langsam nach oben, bis deine Arme vollkommen gestreckt sind. Nimm langsam die Hände auseinander, öffne deine Arme zu den Seiten und beuge sie langsam an. Beug die Hände in den Handgelenken, dass die Handflächen nach oben zeigen. Die Schulterblätter zieh sanft nach unten. Jetzt dreh den Oberkörper langsam nach links und rechts.

Wirkung:

Die Übung kräftigt die Rücken- und Schultermuskeln und fördert die Beweglichkeit der Wirbelsäule. Sie bringt dir Ruhe und Konzentration.

Variation: *Der kleine Berg*

Haltung:

Geh in den Lotussitz. Streck deine Arme über die Seite nach oben. Deine Handflächen schauen sich an. Wenn du magst, lege die Handflächen aneinander, so hast du eine kleine Bergspitze.

Du kannst den kleinen Berg auch im Fersensitz machen.

Wirkung:

Ähnlich wie beim Fersensitz.

Deine Schultern werden gedehnt.

Variation:
Die schlafende Lotusblume

Haltung:

Geh in die geöffnete Lotusblume. Jetzt schließ deine "Blüte", indem du deine Hände in Brusthöhe in Namaste nimmst. Beug deinen Oberkörper so weit du kannst, nach vorne zum Boden hinunter und streck deine Arme aus.

Variation: *Die Tulpe oder Herzensblume*

Haltung:

Setz dich in den Lotus- oder Fersensitz. Leg deine Hände in Namaste vor die Brust. Schieb sie langsam bis an das Kinn. Hier öffne ganz langsam die Hände, indem alle Finger sich spreizen. Die Handgelenke, die Handkanten und die Seiten der Daumen berühren sich weiter. So ist eine wunderschöne Blüte entstanden.

Wirkung:

Die Übung beruhigt dich und hilft dir dich zu konzentrieren.

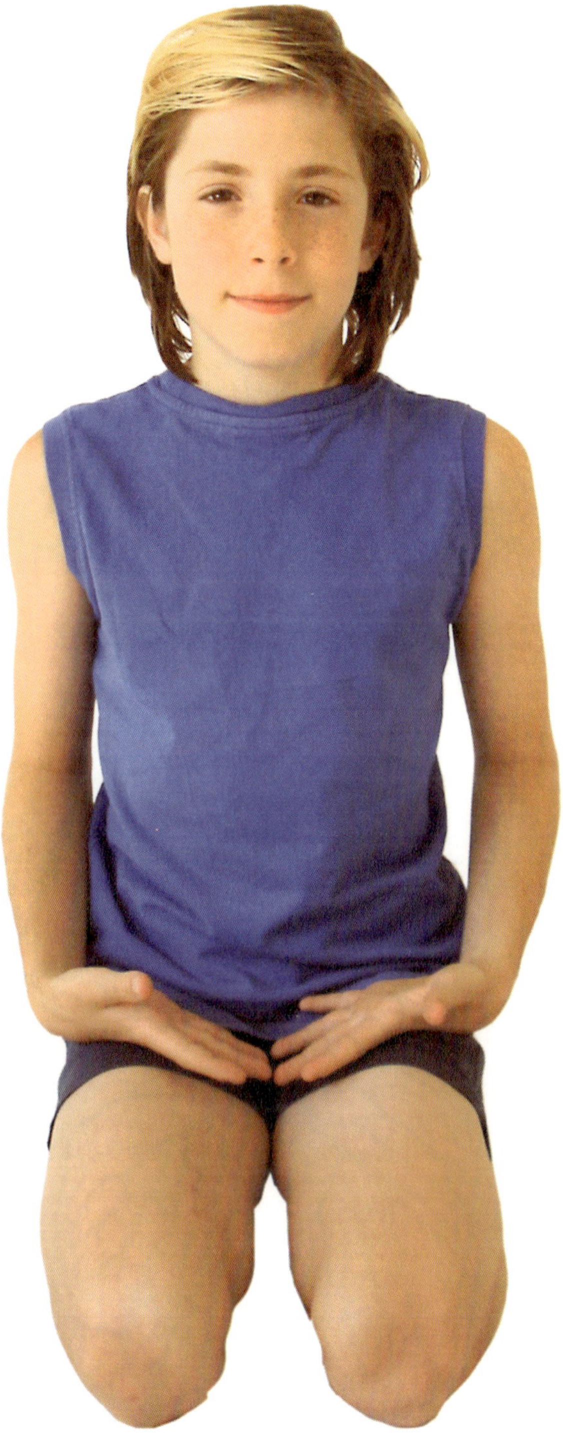

Der Diamantsitz oder Fersensitz – Vajrasana

Haltung:

Knie dich auf den Boden, halte die Knie eng beieinander. Deine Fußrücken liegen am Boden. Jetzt setz dich aufrecht und gerade auf deine Fersen. Versuch die ganze Zeit die Fersen so nahe beieinander zu halten, dass sie sich berühren. Deine Hände liegen locker auf deinen Oberschenkeln.

Wirkung:

In dieser Übung kannst du gleichmäßig und ruhig atmen. Das beruhigt die Gedanken.

Der Schmetterling - Baddha konasana

Haltung:

Du sitzt im Stab. Beug die Beine an, nimm die Knie auseinander, die Fußsohlen aneinander und zieh die Fersen ganz nah zu deinem Schritt. Dein Oberkörper wächst gerade nach oben.

Halte die Zehen mit den Händen. Jetzt kannst du die Beine (deine Flügel) nach oben und unten bewegen. Der Schmetterling fliegt.

Hinweis:

Wenn du sehr unruhig bist, flattere nur kurz und langsam mit den Flügeln.

Wirkung:

Dein Becken, dein Bauch und Rücken werden bei dieser Übung gut durchblutet. Deine Hüften werden gedehnt.

Der Sitz zwischen den Fersen – Virasana

Haltung:

Knie dich auf den Boden, halt die Knie eng beieinander. Deine Fußrücken liegen auf dem Boden, die Füße und Zehen zeigen gerade nach hinten. Nimm nun die Füße gerade so weit auseinander, dass du dich dazwischen setzen kannst. Sitz mit aufrechtem und geradem Rücken.

Aus der Stellung kommst du wieder raus, indem du langsam hochkommst und in den Vierfüßlerstand (die Katze) gehst.

Nimm die Füße zusammen, setz dich neben den Füßen auf den Po, nimm langsam die Knie auseinander, die Fußsohlen aneinander und gehe so in den Schmetterling (Baddhakonasana). Streck dann langsam deine Beine wieder aus.

Hinweis:

Kommst du mit dem Po nicht zum Boden, leg dir eine gefaltete Decke oder einen Klotz unter deinen Po. Deine Knie dürfen dir in der Stellung nicht wehtun.

Wirkung:

Die Übung dehnt die Füße und hilft bei Plattfüßen. Die Knie bleiben beweglich.

Die Kuh – Gomukhasana

Haltung:

Geh in den Vierfüßlerstand. Kreuz das rechte Bein über das linke Bein, die Knie sind nah beieinander. Die Füße zeigen nach hinten.

Nimm die Füße so weit auseinander, dass du dich mit dem Po dazwischen setzen kannst.

Beug den linken Arm hinter dem Rücken und lass den Handrücken an der Wirbelsäule nach oben wandern. Streck den rechten Arm nach oben, beug ihn und leg die Handfläche auf den Rücken zwischen den Schulterblättern. Versuche die Hände so nah zueinander zu bringen, dass sie sich fassen können. Dein Rücken ist aufrecht, den Kopf halte gerade.

Wiederhole die Stellung auf der anderen Seite. Dein linkes Bein kreuzt sich jetzt vor dem rechten Bein, auch die Haltung der Arme ist vertauscht.

Hinweis:

Wenn sich deine Hände nicht greifen können, nimm einen Gürtel zwischen die Hände.

Wirkung:

Die Übung macht die Beinmuskeln elastisch. Die Brust weitet sich gut aus und der Rücken wird gerade. Sie fördert die Beweglichkeit der Schultern und Hüftgelenke. Sie kräftigt die Hand- und Fingermuskeln (das ist gut fürs Schreiben).

Der Löwe – Simhasana

Haltung:

Setz dich in den Fersensitz. Dein Rücken wächst nach oben, aber dein Po bleibt auf den Fersen. Die Fersen liegen eng aneinander. Streck die Arme und leg deine Handflächen mit den gespreizten Fingern auf die Knie. Reiß deine Nasenlöcher, deine Ohren, deine Augen (sie schauen weit nach oben) und deinen Mund weit auf. Streck die Zunge weit heraus und brülle laut aus dem Bauch heraus wie ein Löwe.

Wirkung:

Die Übung entspannt das ganze Gesicht und das Gehirn. Sie kräftigt die Gesichts- Kinn- und Halsmuskeln. Sie beugt Hals-, Ohr- und Nasenerkrankungen vor.
Sie trainiert die Stimmbänder (singst du gerne?). Sie ist eine wunderbare Haltung für Stotterer.

Die Ranke – Maricyasana

Haltung:

Geh in Stab. Setz dich mit geradem Oberkörper auf den Boden und streck die Beine aus. Den Po mit den Sitzknochen drück dabei fest in den Boden. Beug dein rechtes Bein an und stell deine Fußsohle nah beim Po auf dem Boden auf. Nun dreh deinen Oberkörper nach rechts, stütz dich mit dem rechten Arm hinten ab. Beug den linken Arm an und schieb ihn hinter das rechte Bein, die Fingerspitzen zeigen nach oben. Atmen nicht vergessen!
Wiederhole die Haltung zur anderen Seite.

Wirkung:

Die Übung hilft dir bei Rückenschmerzen und macht deine Wirbelsäule beweglicher.

Das Steinblümchen

Haltung:

Setz dich mit geradem Oberkörper auf deinen Po, du solltest dabei deine Sitzhöcker spüren. Zieh deine gebeugten Beine an deine Brust. Heb die Füße vom Boden und öffne deine gebeugten Beine ein wenig nach außen. Jetzt versuch deine Arme von innen durch die gebeugten Beine durchzustecken. Deine Handflächen zeigen nach oben.

Wie lange kannst du so sitzen bleiben, ohne umzukippen?

Wirkung:

Dies ist eine wunderbare Gleichgewichtsübung.

Der Schaukelstuhl

Haltung

Setz dich auf den Boden, beug deine Beine an und zieh sie ganz nahe an die Brust, die Füße an den Po. Die Füße sollten den Boden nicht berühren. Umarme die Beine ganz fest.
Lass dich nach hinten abrollen und komme mit Schwung wieder hoch, ohne die Arme zu lösen. Halt den Kopf nahe bei den Knien, es ist dann etwas leichter.

Das große Boot – Paripurna Navasana

Haltung:

Geh in den Stab. Lehne dich ein wenig zurück, dein Rücken ist dabei sehr gerade. Halt die Beine gestreckt und geschlossen und heb die Füße bis in Augenhöhe. Streck die Arme gerade nach vorn.
Halt das Gleichgewicht und kipp nicht nach hinten.

Hinweis:

Wenn dir diese Übung zu schwer ist, beuge deine Beine an, du kannst sie dann leichter heben.

Wirkung:

Die Übung kräftigt die Bauch- und Beinmuskeln. Sie hilft bei Blähungen (Luft im Bauch). Du kannst dann sehr gut pupsen.

Das kleine Boot – Ardha Navasana

Haltung:

Wie schon beim großen Boot heb deine gestreckten Beine, diesmal aber nur knapp über den Boden. Deine Hände leg an deinen Hinterkopf und verschränke die Finger.

Wirkung:

Ähnlich wie beim großen Boot.

Pfeil und Bogen – Akarna Dhanurasana

Haltung:

Setz dich in den Stab mit geradem Rücken und ausgestreckten Beinen. Die Beine liegen eng nebeneinander. Fass beide großen Zehen mit deinen Mittelfingern. Beim Ausatmen hebst du das rechte Bein und beugst es an, deine Ferse ziehst du hoch in Richtung Ohr. Das linke Bein bleibt weiterhin gestreckt, den großen Zeh hältst du immer noch fest.
Wiederhole die Haltung auf der anderen Seite.

Wirkung:

Deine Beinmuskeln werden elastisch. Der untere Teil der Wirbelsäule (da schmerzt es manchmal) wird bewegt. Die Bauchmuskeln werden trainiert.

Das Buch – Paschimottanasana

Haltung:

Setz dich in den Stab mit geradem Rücken und ausgestreckten Beinen. Die Beine liegen eng nebeneinander. Streck deine Arme mit geraden Handflächen nach oben über den Kopf. Die Handflächen schauen sich dabei an.

Beim Ausatmen beugst du dich mit gerade gestrecktem Rücken nach vorne und versuchst deine Füße zu greifen. Es ist vollkommen in Ordnung, wenn du deine Füße nicht greifen kannst, aber bitte streck deinen Rücken so gut du kannst, lass deine Beine auf jeden Fall gestreckt und auf dem Boden.

Hinweis:

Bei Herzerkrankungen und akuten Bauchkrankheiten bitte nicht machen.

Wirkung:

Die Übung kräftigt die Organe des Bauches und der Wirbelsäule. Sie ist gut gegen Verstopfung und Blähungen. Sie lässt deine Gedanken zur Ruhe kommen.

Die Schildkröte – Kurmasana

Haltung:

Geh in den Stab. Nimm deine Füße etwas weiter als hüftweit auseinander. Beug deine Knie an und stell deine Füße auf den Boden auf. Mit geradem Rücken beuge dich nach vorn zwischen deine Beine. Deine Arme nimmst du nach vorne und schiebst sie von innen unter die Kniekehlen. Schaffst du es, so weit auseinander zu kommen, dass dein Kopf am Boden ist?

Wirkung:

Die Übung lockert deine Hüftgelenke. Sie beruhigt den Geist, wenn du ärgerlich oder aufgeregt bist.

Kniende oder liegende Haltungen

Haltung des Kindes (Adho Mukha Virasana)

Haltung:

Knie dich auf den Boden, halt die Knie beieinander. Deine Fußrücken liegen auf dem Boden. Deine großen Zehen berühren sich dabei. Jetzt setz dich aufrecht und gerade auf deine Fersen. Nimm deine Knie so weit auseinander, dass du dich mit deinem Oberkörper gut nach vorne zwischen deine Beine beugen kannst. Deine Arme legst du locker vor dich hin.

Wirkung:

Das ist eine ganz entspannende und ausruhende Yogahaltung.

Variation: *Die Maus (das Blatt) – Yoga Mudra*

Haltung:
Setz dich in den Fersensitz und beug deinen Oberkörper so weit nach vorne, dass deine Stirn den Boden berührt. Der Po bleibt auf den Fersen. Deine Arme liegen eng neben den Beinen, die Handflächen zeigen nach oben, oder streck deine Arme auf dem Boden weit nach vorne, die Handflächen schauen sich an (wie Fühler bei einer Schnecke).

Hinweis:
Wenn es dir unangenehm ist, mit dem Kopf so tief zu liegen, dann mach mit den Händen zwei Fäuste, staple sie übereinander und leg den Kopf darauf ab. Das hilft auch gegen Kopfschmerzen.

Wirkung:
Die Übung ist absolut entspannend, du kannst deinen Körper vollkommen loslassen.

Der Taubenkönig – Rajakapotasana

Haltung:

Geh in den Vierfüßlerstand (Katze). Nimm dein rechtes Knie nach vorne und leg es vor dein linkes Knie. Dein rechtes Bein ist angewinkelt. Streck nun dein linkes Bein gerade nach hinten. Drück deine Fingerspitzen fest in den Boden und wandere mit ihnen neben dein Knie, richte deinen Oberkörper dabei weit nach oben und hinten auf.

Zum Schluss legst du deinen Oberkörper auf dem angewinkelten Bein ab und streckst deine Arme weit nach vorne. So kannst du dich ausruhen.

Wiederhole die Stellung auf der anderen Seite.

Wirkung:

Die Wirbelsäule und Hüften werden beweglicher. Der Brustkorb wird geweitet und deine Atmung verstärkt.

Die Katze – Cakravakasana

Haltung:

Geh in den Vierfüßlerstand. Deine Knie sind hüftweit auseinander. Deine Hände sind schulterweit auseinander, deine Arme bleiben die ganze Zeit gestreckt.
Die Katze schaut nach oben. Leg deinen Kopf weit zurück in den Nacken. Dein Rücken biegt sich dabei zum Boden, als ob er eine Schale wäre.
Nun schaut die Katze nach unten. Dein Kopf hängt nach unten, du schaust durch deine Beine. Dein Rücken wölbt sich nach oben, wie bei einem Katzenbuckel.
Wiederhole die Haltung einige Male.

Wirkung:

Deine Wirbelsäule wird beweglich und kräftigt sich.

Der Tiger – Vyaghrasana

Haltung:

Geh in den Vierfüßlerstand (Katze). Streck deinen rechten Arm in Schulterhöhe gerade nach vorne und gleichzeitig dein linkes Bein gerade nach hinten. Mach den Tiger mit dem linken Arm und dem rechten Bein.
Diese Haltung kannst du mehrere Male wiederholen.

Wirkung:

Die Übung kräftigt Arme und Beine und regt deine beiden Gehirnhälften an, gut zu arbeiten (das ist wichtig für richtiges Schreiben und Rechnen).

Der Stern (Parighasana)

Haltung:

Du gehst in den Kniestand. Beide Knie und Füße berühren sich. Der Hände liegen auf den Hüften und du schaust mit geradem Oberkörper nach vorne. Lass deinen Stern nun leuchten. Streck dein rechtes Bein gerade zur Seite, es sollte auf gleicher Höhe wie dein Knie sein. Nun streck die Arme in Schulterhöhe zu den Seiten aus. Deine Hände kannst du aus den Handgelenken drehen, damit dein Stern schön funkelt.
Magst du eine Sternschnuppe machen?
Geh erst in den Stern. Jetzt streck den Arm auf der Seite, wo das Knie gebeugt ist, gerade nach oben zur Decke. Nun leg deinen anderen Arm auf das ausgestreckte Bein und beuge deinen Oberkörper zu der Seite des gestreckten Beines. Deinen nach oben gestreckten Arm beugst du mit zur Seite.

Wiederhole die Übung mit dem anderen Bein.

Wirkung:

Die Übung kräftigt die Bauchmuskeln und hilft gegen einen steifen Rücken. Es fördert die Beweglichkeit der Wirbelsäule.

Das Kaninchen - Shashankasana

Haltung:

Geh in die Maus. Nimm deine ausgestreckten Arme hinter den Rücken. Verschränke die Hände ineinander. Roll nun den Kopf auf den Boden über die Stirn bis zur Mitte des Kopfes, dabei hebst du den Po von den Fersen nach oben. Gleichzeitig hebst du die gestreckten Arme, die Hände noch verschränkt, und ziehst sie sanft in Richtung des Kopfes.

Hinweis:

Wenn du Schmerzen oder Schwierigkeiten mit deiner Halswirbelsäule hast, frage bitte einen Arzt, ob du diese Übung machen darfst.

Wirkung:

Dein Kopf wird gut durchblutet und klar und deine Schultern werden gedehnt. Die Übung fördert deine Konzentration, dein Gedächtnis wird angeregt. Ebenso hilft sie bei Schlafstörungen und Nervosität. Sie kann bei Kopfschmerzen helfen.

Der abwärtsgerichtete Hund – Adho Mukha Svanasana

Haltung:

Geh in die Haltung des Kindes. Deine Arme sind nach vorne gestreckt, die Hände sind schulterweit auseinander, die Finger sind weit gespreizt. Deine Hände, die Pfoten, drücken ganz fest auf den Boden. Streck langsam deine Beine, die Füße sind hüftweit auseinander. Lass deine Fersen in Richtung des Bodens sinken.
Streck deinen Po weit nach hinten und oben. Stell dir vor, es ziehe dich jemand an deinem Po nach hinten. Deinen Kopf lass einfach hängen.

Wirkung:

Die Übung bringt bei Müdigkeit verbrauchte Energie zurück. Sie stärkt das Gehirn und macht gute Laune. Sie ist gut geeignet für alle Jogger und Fußballer unter euch.

Der aufwärtsgerichtete Hund – Urdha Mukha Svanasana

Haltung:

Du bist im abwärtsgerichteten Hund, da kitzelt dich etwas an der Nase und du möchtest nach oben schauen. Du drückst beide Hände an deinen gestreckten Armen fest in den Boden. Du hebst deinen Kopf, schiebst den Oberkörper durch die Arme nach vorn, dein Po geht gleichzeitig nach unten und vorn. Deine Beine bleiben gestreckt. Sie sind ganz fest und dürfen den Boden nicht berühren.
Du dehnst deinen Brustkorb nach vorne, deine Schultern ziehst du etwas nach hinten, die Schulterblätter nach unten.

Wirkung:

Die Übung hilft Menschen mit steifem Rücken, die Wirbelsäule beweglicher und stärker zu machen. Die Brust wird geweitet, das hilft beim Atmen.

Der Wegweiser – Vasisthasana

Haltung:

Leg dich auf deine rechte Körperseite. Deine Füße liegen übereinander, deine rechte Fußkante ist auf dem Boden. Dein rechter Arm liegt im rechten Winkel unter deiner Schulter. Deine linke Hand liegt auf der Hüfte. Drück nun deine rechte Hand fest in den Boden und stütz dich dabei auf deinen durchgestreckten Arm. Bring dein Becken hoch, sodass deine gestreckten und geschlossenen Beine, deine Hüfte und dein Oberkörper eine Linie bilden und ganz gerade sind. Dein linker Arm streckt sich gerade zur Decke. Wenn du es schaffst, schau zur linken Hand.

Wirkung:

Diese Haltung kräftigt die Handgelenke, die Arme und Beine.

Die Rutschbahn – Purvottanasana

Haltung:

Setz dich in den Stab. Deine geschlossenen Handflächen drückst du etwas hinter deinem Po auf den Boden. Die Fingerspitzen zeigen zu den Füßen. Jetzt hebst du deinen Po, den du anspannst, und deinen Oberkörper hoch, die Beine bleiben gestreckt. Du stützt dich auf deine Hände und deine Füße. Versuche deine Fußsohlen zum Boden zu bringen.

Wirkung:

Die Übung stärkt die Hand- und Fußgelenke. Sie verbessert die Beweglichkeit der Schultergelenke und weitet die Brust. Du kannst besser atmen. Sie nimmt deine Müdigkeit.

Der kleine Fisch – Matsyasana

Haltung:

Geh in den Lotussitz oder kreuz deine Beine so, wie du es kannst. Deine Hände sind neben deinem Po. Stütz dich auf deine Hände und lass dich langsam auf die Ellbogen und Unterarme hinunter, bis du auf dem Boden liegst. Nimm die Hände vor der Brust zusammen oder strecke die Arme nach hinten.

Wirkung:

Der Hals und der ganze Rückenbereich werden gedehnt, die Brust gut geweitet. Der Atem wird voller, die Lungen kräftiger.

Das Krokodil – Jathara parivartanasana

Haltung:

Leg dich gerade auf den Rücken und breite deine gestreckten Arme seitlich auf den Boden in Schulterhöhe aus. Beug deine Beine an und stell deine geschlossenen Füße an den Po. Heb jetzt die angebeugten Beine auf deinen Bauch und halt sie einen Moment lang mit beiden Armen fest. Leg deine Arme wieder seitlich in Schulterhöhe. Leg nun deine angebeugten Beine zur rechten Seite auf den Boden ab, dreh deinen Kopf zur linken Seite.
Wiederhole es auf der anderen Seite.

Wirkung :

Die Übung entspannt deinen Rücken nach anstrengenden Yogastellungen. Sie hilft überhaupt bei Rückenschmerzen und hält die Wirbelsäule flexibel. Sie hilft bei Skoliose.

Umkehrhaltungen

Der Schulterstand (Die Kerze) – Salamba Sarvangasana

Haltung:

Leg dich flach auf den Boden. Stell deine geschlossenen Füße nah am Po auf. Deine Arme liegen nahe neben dem Körper. Streck nun langsam deine Beine, den Po und deinen Oberkörper gerade nach oben in die Luft. Deine Hände helfen dir, indem du die Handflächen flach an deinen Rücken legst und ein wenig nach oben schiebst. Deine Ellbogen bleiben auf dem Boden.

Hinweis:

- Geh langsam und achtsam in die Haltung hinein und wieder hinaus.
- Wenn du Probleme mit der Halswirbelsäule hast, leg dir zwei bis vier ganz genau und gerade gefaltete Decken (sie sollten keine Falten haben, das stört) unter deine Schultern und Arme.
  Der Kopf liegt direkt hinter dem Deckenrand auf deiner Yogamatte.
- Schau in dieser Stellung nicht nach links und rechts, sondern auf deinen Bauch, sonst kannst du davon Nackenschmerzen bekommen.
- Entspanne deinen Hals und Nacken.
- Atme, atme, atme!

Wirkung:

Die Übung belebt den ganzen Körper. Wenn du sie öfter übst und sicher halten kannst, hilft sie auch gegen Stress und macht dich ruhiger.

Der Pflug – Halasana

Haltung:
Geh in die Kerze, dabei drückst du deine Hände fest auf den Rücken, um die gestreckten Beine nach oben zu schieben. Nun bring beide gestreckten Beine über den Kopf nach unten, bis du deine Zehen hinter dem Kopf auf den Boden aufstellen kannst.

Hinweis:
Kommen deine Füße nicht bis unten an den Boden, stelle dir einen Hocker dorthin.
Diese Haltung folgt immer nach der Kerze.
Die Hinweise beim Schulterstand gelten auch hier.

Wirkung:
Die Bauchorgane werden fit gehalten.
Die Übung hilft bei steifen Ellbogen und Schultern und bei Blähungen.

Die Schulterbrücke oder kleine Brücke – Setu Bandha Sarvangasana

Haltung:

Leg dich gerade mit dem Rücken auf den Boden. Stell deine Füße nahe an den Po. Öffne sie hüftweit. Leg die Arme direkt neben den Körper. Die Handflächen zeigen zum Boden. Nun heb das Becken und den Po vom Boden weit nach oben. Die Arme und Hände pressen in den Boden. Wenn du kannst, stütz dich mit den Händen am unteren Rücken ab.

Wirkung:

Die Übung macht deine Wirbelsäule geschmeidig, dein Nervensystem bleibt gesund. Mit gesunden Nerven fühlt sich dein Körper wohl und du kannst besser denken. Sie vertreibt schlechte Laune.

Rückwärtsbeugen

Das Kamel – Ustrasana

Haltung:
Setz dich in den Fersensitz. Heb den Po hoch und komm in den Kniestand. Spann den Po an, dass er fest wird. Beug dich jetzt zurück, heb das Kinn und schau nach hinten. Nimm die Arme nach hinten und versuche mit den Händen die Fersen zu greifen. Deine Oberschenkel schieb vorsichtig nach vorne, heb und öffne den ganzen Brustkorb.
So kommst du aus der Haltung wieder heraus:
Schieb die Oberschenkel noch weiter nach vorn, heb den Oberkörper, dann die Schultern, dann den Kopf. Setz dich wieder zurück auf die Fersen.

Hinweis:
Der Kehlkopfbereich wird sehr stark gedehnt. Sprich nicht in dieser Haltung. Öffne leicht den Mund.

Wirkung:
Die ganze Wirbelsäule wird gekräftigt. Die Übung hilft Kindern mit eingefallener Brust, den Brustkorb wieder zu öffnen.

Die Kobra – Bhujangasana

Haltung:
Leg dich auf den Bauch. Deine Stirn liegt auf dem Boden. Beug deine Arme an, stell deine Hände nahe am Körper in Höhe der Brust auf dem Boden auf. Drück deine Hände fest in den Boden, streck langsam deine Arme und heb den Kopf, die Schultern und auch ein wenig deinen Oberkörper. Du bist eine kleine Schlange. Schaue nach links und rechts und zisch laut und leise.
Nun wirst du eine große Schlange, eine Kobra. Heb den Oberkörper noch weiter, dein Becken und deine gestreckten Beine bleiben immer am Boden. Deine Schultern gehen zurück und dein Brustkorb dehnt sich zu den Seiten und nach oben und vorn. Dreh dich zischend nach links und nach rechts.

Wirkung:
Eine wunderbare Übung, um das Rückgrat zu kräftigen und die Brust voll auszudehnen.

Die Heuschrecke – Salabhasana

Haltung:
Leg dich gerade auf den Bauch. Das Gesicht zeigt zum Boden. Leg die Arme neben den Körper, streck sie nach hinten.

1.) Heb erst das eine Bein gestreckt nach oben, dann leg es wieder ab. Wiederhole es mit dem zweiten Bein.
2.) Heb beide Beine, geschlossen und gestreckt, nach oben.
3.) Streck die Arme nach vorne und heb sie, heb auch den Kopf, heb beide Beine, so hoch du kannst.

Hinweis:
Kinder mit einem kranken Herz dürfen diese Übung nicht durchführen.

Wirkung:
Die Wirbelsäule wird kräftig und geschmeidig. Sie ist gut gegen Schmerzen im unteren Rücken. Diese Übung befreit von Blähungen.

Der Bogen – Dhanurasana

Haltung:
Leg dich gerade auf den Boden, das Gesicht nach unten. Deine Arme liegen eng an deinem Körper. Beug die Knie an, so dass sie bis zu deinem Po kommen. Mach deinen Po fest. Greif mit den Händen nach deinen Fußknöcheln, zieh die Beine hoch und versuche sie dabei zu strecken. Gleichzeitig heb Kopf und Brust so weit wie möglich.

Wirkung:
Die Übung macht die Wirbelsäule geschmeidig und kräftigt die Organe des Bauches.

Die große Brücke – Urdhva Dhanurasana

Haltung:

Leg dich gerade auf den Rücken. Beug die Knie an und stell deine Füße hüftweit dicht hinter deinem Po auf.
Stell deine Handflächen in der Höhe deiner Ohren schulterweit entfernt auf den Boden. Die Fingerspitzen zeigen zu den Füßen. Atme ruhig und tief in den Bauch. Ausatmend drückst du deinen Po, den Rücken, den Brustkorb in die Höhe. Du streckst deine Arme dabei langsam durch. Komm langsam wieder zurück zum Boden.

Hinweis:

Diese Haltung kannst du mehrmals hintereinander machen.
Sie ist nicht geeignet für Menschen mit Schilddrüsenüberfunktion, erhöhtem Augeninnendruck, erhöhtem Blutdruck und Asthma.

Wirkung:

Die Übung gibt dir Mut und Selbstvertrauen. Die Wirbelsäule wird durch die Dehnung belebt. Der Rücken ist gestärkt und voller Leben. Die Arm- und Handgelenke werden kräftiger, was dir wieder beim Schreiben hilft.

Yogageschichten

Hier findest du acht verschiedene Möglichkeiten, wie man Yogahaltungen miteinander verbinden kann. Lies dir die Geschichte vorher ruhig und langsam durch, vielleicht kannst du sie dir so zum Üben besser merken.
Oder ein anderes Kind, die Eltern, die Großeltern oder sonst jemand liest sie dir vor. Danach könnt ihr euch abwechseln.

Begrüßungszyklus von Petra Prossowsky

Wir grüßen den Himmel,
(Arme über die Seiten heben, nach oben und hinten dehnen, in eine leichte Rückwärtsbeuge gehen, die Handflächen zeigen nach oben)

wir grüßen die Erde,
(Vorwärtsbeuge – Uttanasana)

wir grüßen die Sonne,
(Beine grätschen, Arme in die V-Stellung heben und dehnen)

den Halbmond,
(Ardha Candrasana: Füße zusammenstellen, die Daumen der Hände verhaken, Seitwärtsbeuge nach links und rechts

den Vollmond
(Füße zusammenstellen, die Mittelfinger der Hände berühren sich über dem Kopf, die Arme formen einen Kreis)

und die Sterne.
(Beine strecken, Hände in Namaste nehmen, rechten Arm nach oben strecken und gleichzeitig den linken Arm nach unten strecken, dann Hände wieder in Namaste nehmen - nun die zweite Seite)

Wir grüßen die Blume,
(Lotusmudra: Beine leicht grätschen, Hände vor die Brust in Namaste nehmen, dann sie wie einen Kelch öffnen, wobei die Handkanten, Daumen und Handgelenke sich weiter berühren, die Ellbogen gehen nach außen)

den Baum
(Vrksasana: Stehhaltung auf einem Bein)

und das Gras.
(Uttanasana Variation: Ein gestrecktes Bein vor das andere stellen, sich nach vorn beugen)

Wir grüßen alle Kinder (Menschen), denn das macht uns Spaß.
(Aufrichten und mit den Armen einen großen Kreis von unten nach vorn, nach oben, nach hinten und wieder nach vorne beschreiben - vorn die Hände aneinander klatschen lassen)

Yoga-Reime

Am Morgen wird es langsam hell,
der **Berg** (Tadasana) steht ruhig
und still.

Der **Baum** (Vrksasana) ist groß
und stark, er wächst ganz
wunderbar.

Ein großer **Vogel** (Vihangasana)
fliegt hinauf, auf diesen schönen
grünen **Baum** (Vrksasana).

Das **Vögelchen**
(Variation von Tadasana)
ist gar nicht dumm und wirbelt
mit den Flügeln rum.

Die **Palme** (Variation von Tadasana)
wächst am Strand und nicht auf deiner Hand.

Die **Biene** (Utkatasana)
summt und brummt,
sie ist so kugelrund.

Der **Hund**
(Adho Mukha Svanasana)
schaut runter, hoch und runter
und fühlt sich dabei munter.

Die **Katze**
(Cakravakasana) ruft "Miau mio,
mich beißt ´ne Laus
in meinen Po."

Der **Ti- Ta- Tiger**
(Vyaghrasana)
streckt sich immer wieder
(von Petra Prossowsky).

Es quakt ein **Frosch**
(Variation von Tadasana)
so munter und schluckt ´ne
Fliege dabei runter.

Die zarten Flügel leuchten bunt,
der **Schmetterling**
(Baddha Konasana)
fliegt rundherum.

Die kleine graue **Maus**
(Variation von Adho Mukha
Virasana) läuft aus ihrem Haus
hinaus und ruht sich aus.

Im Zoo

Es ist ein wunderschöner Sommertag.
Die **Sonne** (Variation von Tadasana) streichelt mit ihren Strahlen Menschen und Tiere.

Du gehst in den Zoo (geh auf der Stelle).
Als Erstes empfängt dich ein **großer Vogel** (Vihangasana)

Er schwingt seine Flügel mehrere Male auf und ab und fliegt dann auf einen großen **Baum** (Vrksasana).

Aufgeregtes Gepiepse läßt dich aufhorchen. In einer Astgabel ist ein Nest mit vier **kleinen Vögelchen** (Variation von Tadasana).

Wenn du nach oben schaust, entdeckst du einen wunderschönen **Schmetterling** (Baddha Konasana).

Er sucht sich eine rote **Tulpe** (Padmasana) aus und setzt sich auf ihr nieder.
Die **Tulpe** wiegt sich leicht im Wind.

Du siehst das Schlangenhaus.
Eine **Kobra** (Bhujangasana)
schlängelt sich langsam vorwärts
und zischt laut.

Der **Tiger** (Vyaghrasana)
daneben macht gerade
seine Morgengymnastik.

Der **Löwe** (Simhasana)
schüttelt seine Mähne
und brüllt fürchterlich.

Du schaust in dein **Buch**
(Paschimottanasana),
was es noch zu sehen gibt.

Der **Adler** (Variation von Tadasana)
gefällt dir. Er lebt in einem riesigen
Gehege. Gerade als du ankommst,
breitet er seine Flügel aus. Doch dann
bleibt er müde auf seinem Ast sitzen
(Stehender Adler – Garudasana).
Er träumt.

Eine Indianergeschichte

In Amerika vor 100 Jahren lebte beim Stamm der Apachen ein mutiger Indianer. Er hatte ein eigenes **Zelt** (Trikonasana) für sich.

Es stand inmitten von **Bäumen** (Vrksasana) auf einer kleinen Lichtung.

Er war ein mutiger **Krieger** (Virabhadrasana 1), der sich als Krafttier den Adler auswählte.

Seine Kleidung war mit kleinen **Adlern** (Garudasana) bemalt. Er nannte sich .... (denke dir einen Namen aus).

Es waren zwei **Monde** und drei **Sonnen** (Variation von Tadasana) vergangen, als er sich entschloss, auf kurze Wanderschaft zu gehen.

Leise schlich er sich weg (Zwergengang: Du setzt dich in den **Stab** (Dandasana) und schiebst deinen Po und deine Beine vorwärts, ohne mit den Händen den Boden zu berühren).

Er kam an einen See, auf dem ein **Boot** (Paripurna Navasana) schwamm.

Hier holte er sich einen kleinen **Fisch** (Matsyasana) aus dem Wasser.

Mit seinen Adleraugen entdeckte er ein **Krokodil** (Bhujangdenrasana) im Wasser.

Er setzte sich an den Strand und zündete sich eine **Kerze** (Salamba Sarvangasana) an. Es war sehr leise. Nichts war zu hören, außer dem leisen Wispern der Bäume und dem Zwitschern der Vögel. Er legte sich entspannt auf den Rücken.

Weit, weit entfernt hörte er jetzt eine **Kuh** (Gomukhasana).
Es war ein langer Tag, er pustete die Kerze aus und machte sich auf den Weg nach Hause. Doch was war das?

Er drehte sich nach links und nach rechts (Drehung nach links und nach rechts aus dem **Stab –** Dandasana) und robbte sich leise vorwärts.

Eine **Löwenfamilie** (Simhasana) näherte sich.
Da nahm er die Beine in die Hand und lief, so schnell er konnte, nach Hause.

Eine nächtliche Abenteuergeschichte

Es ist Nacht. Am Himmel steht der **Halbmond** (Ardha Candrasana).

Auf der Wiese steht ein großes **Zelt** (Trikonasana).

Es gehört einem großen **Krieger** (Virabhadrasana 1).

Ein **Hund** (Abwärtsgerichteter Hund - Adho Mukha Svanasana) bewacht ihn.

Der **Hund** (Aufwärtsgerichteter Hund - Urdhva Mukha Svanasana) hört ein Geräusch und schaut hoch.

Eine **Heuschrecke** (Salabhasana) hat sich auf seine Nase gesetzt. Es scheint eine ganze **Heuschreckenfamilie** (alle Variationen von der Heuschrecke) zu sein.

Doch jetzt schleicht eine **Kobra** (Bhujangasana) durch das Gras.

Der **Hund**
(Adho Mukha Svanasana) bellt.

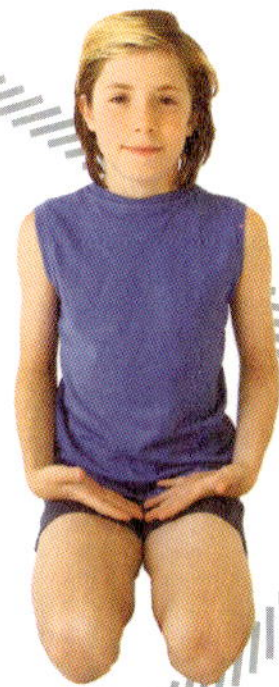

Der Krieger **setzt sich**
(Fersen- oder Diamantsitz).
Er gähnt und rekelt sich.
(Arme nach oben strecken).

Er steht auf und schaut zum Boden,
ob es dort etwas zu finden gibt
(**Vorwärtsbeuge –** Uttanasana).
Dann schleicht er vom Zelt weg.

Er kommt über eine
kleine **Brücke**
(Setu Bandha Sarvangasana).

Träumt er oder sieht er dort
ein **Kamel** (Ustrasana)?

Nein, es ist ein **Krokodil**
(Jathara parivartanasana),
das im Wasser liegt
und vor sich hin döst.

Nun legt er sich wieder zum
Schlafen hin.
(**End-Entspannung -** Savasana).

Im Zirkus

Die **Sonne** (Variation von Tadasana) scheint. Zirkusdirektorin Yogetta hat sich verspätet.

Sie läuft im Eiltempo an dem großen **Baum** (Vrksasana) vorbei, der mitten auf dem Gelände steht.

Jetzt begrüßt sie mit ihren Artisten die Gäste mit der **Begrüßung des Himmels** (siehe 1. Geschichte).

Im **Zirkuszelt** (Trikonasana) kündigt sie die Nummern an.

Kriegerinnen (Virabhadrasana 1) zeigen ihre Kräfte.

Sie haben **Pfeil und Bogen** (Akarna Dhanurasana) mitgebracht.

Die **Hunde** (Adho Mukha Svanasana und Urdhva Mukha Svanasana) zeigen, was sie in der Hundeschule gelernt haben
(runter und hoch, runter und hoch).

Die **Katze** (Cakravakasana) hat sich verirrt, zeigt einen Katzenbuckel und schaut dann stolz nach oben.

Heuschrecken (Salabhasana) strecken Arme und Beine.

Die **Kobra** (Bhujangasana) zeigt sich stolz und zischt laut in die Runde.

Das **Kaninchen** (Shashankasana) hat ziemlich lange Ohren.

Die **Krokodile** (Jathara parivartanasana) liegen faul herum.

Die **Schildkröte** (Kurmasana) ist zum Schluss zu sehen.

Als alle Zuschauer begeistert klatschen, fällt der Zirkusdirektorin fast der **Stab** (Dandasana) aus der Hand.

Als Dankeschön für diese wunderschöne Vorstellung zünden alle zusammen eine **Wunderkerze** (Salamba Sarvangasana) an.

Im Zauberwald

Du liegst in der Stellung der **Maus** (Variation von Adho Mukha virasana).

Die **Sonne** (Variation von Tadasana) scheint jetzt hell und warm, das ist sehr schön und wunderbar.

Das **Zauberbuch** (Pascimottanasana) schlägt sich jetzt auf, und unsere Yogageschichte nimmt ihren Lauf.

Die **Bäume** (Vrksasana) stehen still und stumm, der Wind pustet sie einfach um.

Das kleine **Vögelchen** (Variation von Tadasana) piept, es hat die **Schwalben** furchtbar lieb.

Der kleine **Frosch** (Variation von Tadasana) hüpft am Ufer hin und her und quakt vor Vergnügen sehr.

Der **Hund** (Adho Mukha Svanasana) kommt jetzt angeschlichen.

Der **Schmetterling**
(Baddha Konasana)
setzt sich auf seine Nasenspitze.

Die **Kobra** (Bhujangasana)
schlängelt sich nun herbei, sie
sucht die Tiere eins, zwei, drei.

Die **Katze** (Cakravakasana) schleicht
nun hinterher, findet sie etwa keine
Mäuse mehr?

Wer kommt so langsam
nun heran?
Es ist die **Schildkröte**
(Kurmasana), sieh an, sieh an.

Es war ein langer Tag so schön, die
Sonne (Variation der Stellung des
Kindes) muss jetzt schlafen gehn.

Nun steht hoch oben am
Himmel der **Mond** und auch ein
Sternchen (Parighasana)
glitzert und funkelt schon.

Die **Kerze** (Salamba Sarvangasana)
brennt nun langsam nieder,
die **Lotusblumen** (Variation von
Padmasana) legen sich
zum Schlafen nieder.

Am Meer

Du bist auf einer Insel.
Palmen (Variation von Vrksasana) sind voller Kokosnüsse.

Affen (Knie abwechselnd hochziehen, dabei mit der rechten Hand das linke Knie antippen und mit der linken Hand das rechte Knie antippen) brüllen laut (**Gorillaatmung**) und versuchen, sich die Kokosnüsse zu holen (springe mit gestreckten Armen, so hoch du kannst, als ob du Kokosnüsse von einer Palme holen wolltest).

Vögel (Variation von Tadasana) fliegen kreischend über die Insel.

Du hörst **Bienen** (Utkatasana) summen.

Eine **Schwalbe** (Variation von Virabhadrasana) hat sich verirrt. Sie wird von einem **fliegenden Adler** (Garudasana) verfolgt.

Ob hier **Krieger** (Virabhadrasana 1) leben?

Der **Wegweiser** (Vasisthasana) aus Holz ist abgebrochen.

Du stolperst über einen **Stab** (Dandasana – dann nach links und rechts drehen).

Eine **Schnecke** (Variation von Adho Mukha Virasana) schleimt über deine Hand.

Du hörst lautes Bellen von einem **Hund** (Adho Mukha Svanasana).

Ein **Kaninchen** (Shashankasana) hoppelt durch das Gras.

In der Ferne siehst du einen **Tiger** (Vyaghrasana).

Als er zum **Sprung** (Prasarita padottanasana) ansetzt, rennst du davon wie der Wind. Schnell bist du am Strand.

Hier lässt du dich in den warmen Sand fallen und ruhst dich aus. (**End-Entspannung – Savasana**).

Hier hast du Platz für deine eigenen Yogageschichten

Du kannst dabei deine Lieblingshaltungen verwenden. Schreibe auf, was dir einfällt. Schließe die Augen und stelle dir vor ...

Der Atem

Wenn unser Leben auf dieser Erde beginnt, beginnen wir auch zu atmen. Der Atem versorgt uns das ganze Leben lang mit Energie. Das Atmen ist noch viel wichtiger als Trinken und Essen. Deshalb ist es besonders wichtig, oft an der frischen Luft zu sein, tief und langsam zu atmen und so die ganze Lunge gut zu belüften.
Beim Yoga atmest du normalerweise durch die Nase aus und auch wieder ein. Anschließend erkläre ich dir verschiedene Übungen, wie du deinen Atem besser spüren und verbessern kannst.

Verschiedene Atemübungen

Holzhackeratmung

Stell deine Füße hüftweit auseinander fest auf den Boden. Falte deine Hände, dass die Handflächen eng aneinander liegen. Streck deine Arme nach unten in Richtung Boden und beuge dich etwas nach vorn.
Mit der **Einatmung** durch die Nase hebst du die gestreckten Arme nach oben, du richtest dich auf. Mit der **Ausatmung** durch den Mund machst du ein lautes „Ha". Als ob du Holz hackst, schwingst du die Arme wieder schnell nach vorn, du beugst dich etwas nach vorn.
Mach diese Übung öfter hintereinander.

Wirkung:

Die Holzhackeratmung macht wach und hilft, Wut, Ärger und Spannungen loszuwerden.

Gorillaatmung

Stell deine Füße hüftweit auseinander fest auf den Boden. Schließ kurz die Augen und stell dir vor, du bist der König oder die Königin einer großen Affenbande und musst sie alle rufen. Dann öffne wieder die Augen. Atme tief durch die Nase ein und bei der Ausatmung klopfst du mit deinen Fäusten auf deinen Brustkorb und tönst laut „Ahhhhhhh", so lange, wie du ausatmen kannst.
Mach diese Übung öfter hintereinander.

Wirkung:

Die Gorillaatmung macht müde Kinder munter.

Die ganze Körperatmung:
Leg dich ganz entspannt auf eine Decke am Boden. Deine Beine sind ein wenig geöffnet. Deine Arme liegen auf dem Boden, ohne den Körper zu berühren.

Wichtig:
Der Atem soll ganz leicht und sanft seinen Weg in deinen Körper finden, also atme nicht mit Kraft und Druck. Das Atmen soll die ganze Zeit angenehm für dich sein.

Bauchatmung:
Leg deine Hände auf deinen Bauch. Atme normal aus, atme tief und langsam durch die Nase ein, bis die Luft im Bauch angekommen ist. Du merkst es, weil dein Bauch dann ein wenig dicker wird. Nun atme durch die Nase gleichmäßig wieder aus und schon wird dein Bauch wieder flacher.
Wenn du magst, setz ein Kuscheltier auf den Bauch, du kannst dann sehen, wie es hoch und runter geht.

Hinweis:
Blähe beim Einatmen deinen Bauch nicht allzu sehr auf.

Brustatmung:
Leg deine Hände auf deine Brustrippen. Atme normal aus, atme tief und langsam durch die Nase ein, dehn deine Rippen zur Seite aus (wie bei einer Ziehharmonika). Nun atme gleichmäßig durch die Nase wieder aus, deine Rippen ziehen sich wieder zusammen.

Schlüsselbeinatmung
Leg deine Hände nun auf die Schlüsselbeine. Atme normal aus, atme tief und langsam durch die Nase ein. Spür, wie sich deine Schlüsselbeine etwas heben. Atme gleichmäßig durch die Nase wieder aus. Spür, wie deine Schlüsselbeine sich wieder senken.

Hinweis:
Zieh beim Einatmen deine Schultern nicht nach oben.

Wenn du dich bei der Bauch-, Brust- und Schlüsselbeinatmung sicher fühlst, kannst du alle drei Atemtechniken miteinander verbinden.
Klappt auch das sehr gut, kannst du als Nächstes versuchen, die ganze Körperatmung im Sitzen mit gekreuzten Beinen (halber oder ganzer Lotussitz) zu üben.

Yoga kann dir helfen

Bei Müdigkeit

- Holzhackeratmung
- Gorillaatmung
- Den Körper von oben nach unten abklopfen
- Den Körper von oben nach unten ausstreichen
- Affe (Knie abwechselnd hochziehen, dabei mit der rechten Hand das linke Knie und mit der linken Hand das rechte Knie berühren)
- Die Beine hoch an die Wand legen, so dass der Po die Wand berührt und Rücken und Kopf am Boden liegen. Die Arme liegen ausgebreitet locker neben dem Körper. Die Handrücken liegen auf dem Boden (mindestens 10 Minuten).
- Kerze
- Handstand an der Wand
- In den Hampelmann springen

Bei Aufregung

- Löwe
- Buch
- Kerze
- Holzhackeratmung

Vor den Hausaufgaben

- End-Entspannung mit oder ohne Musik
- Schmetterling
- Kaninchen, anschließend Schnecke
- Handstand an der Wand
- fliegender Adler

Für die Konzentration

- Ein passender Kraftsatz
- Baum
- Berg
- Sonne
- Vollmond
- Lotusblume
- Tulpe
- Lotussitz mit geschlossenen Augen. Daumen und Zeigefinger einer Hand berühren sich. Die anderen Finger spreizen auseinander. Die Handrücken liegen auf den Knien oder nahe bei den Knien auf den Beinen.
- Stell dir genau vor, wie du dich mit Leichtigkeit auf die Dinge konzentrierst, die dir wichtig sind.

Übersetzung der Yogasprache Sanskrit

- **Yoga** kommt vom dem Wort „yugit", was soviel bedeutet wie „miteinander verbinden". Damit ist gemeint, dass der Körper, die Seele und der Geist des Menschen beim Yoga angesprochen werden. Der Körper wird beweglich und bleibt gesund, der Geist (die Gedanken) kann ruhig werden und die Seele (das Innerste von dir) fühlt sich wohl.

- **Yogis** sind die Männer oder Jungen, die Yoga üben.

- **Yogini** sind die Frauen oder Mädchen, die Yoga üben.

- **Sanskrit** ist eine alte indische Sprache. Alle Yogastellungen haben einen Sanskritnamen, der von dem/der Yogalehrer/in für dich in die deutsche Sprache übersetzt wird.

- **Asanas** ist der Sanskritname für Yogahaltungen; manche sagen auch Yogastellungen.

- **Mantra** ist ein heilender Sprechgesang, der gerne beim Yoga gesungen wird. Er beruhigt, konzentriert und vermittelt positive Gedanken.

- **Namaste** ist die Begrüßungsgeste nicht nur der Yogis, sondern aller Menschen in Indien. Dabei werden die Handflächen in Brusthöhe aneinander gelegt, der Kopf geneigt und „Namaste" gesagt.
  Es bedeutet: „Ich grüße das Licht in dir."

Kreativer Teil

Stell dir vor

Es gibt in deinem Leben manchmal Situationen, in denen es dir nicht gut geht:

- vielleicht hast du Angst, weil du nachts schlecht geträumt hast
- vielleicht bist du traurig, weil du etwas nicht geschafft hast
- vielleicht bist du aufgeregt, weil du in der Schule etwas vor allen Kindern aufsagen musst oder eine Arbeit schreibst
- vielleicht traust du dich nicht, etwas zu fragen

Wenn du weißt, dass dir so etwas oder Ähnliches öfter passiert, kannst du dir mit der Kraft deiner Gedanken selber helfen.
Du stoppst deine schlechten Gedanken mit der Kraft von guten Gedanken.
Hier findest du ein paar Kraftsätze. Schneide den Satz aus, den du brauchst, und trage ihn bei dir. Versuche ihn so oft wie möglich am Tag laut oder in Gedanken zu sprechen.

Kraftsätze

ICH HABE RUH, BEI ALLEM WAS ICH TU!

ICH HABE MUT UND MEIN VERTRAUEN TUT MIR GUT!

ICH HABE KRAFT, SIE IST JETZT DA, ICH FÜHLE MICH GANZ WUNDERBAR!

ICH KANN ES WAGEN, EINFACH ZU FRAGEN!

Hier kannst du eigene ausgedachte Kraftsätze aufschreiben. Achte darauf, dass du ganz klar schreibst, wie du dich am liebsten verhalten möchtest. Die Kraftsätze sollen keine negativen Wörter enthalten. Das Wort „nicht“ gehört auch dazu.

Deine Lieblingsyogastellungen

Welche Yogahaltungen machst du am liebsten ?
Magst du sie auf dieses Blatt zeichnen oder malen ?

Deine Lotusblume

Hier findest du deine Lotusblume.

Du brauchst:
Buntstifte, eine Schere, eine kleine Schale mit Wasser

Anleitung:
Male sie mit Buntstiften an und schneide sie aus.
Falte die Blätter fest nach innen.
Lege die Lotusblume sehr vorsichtig aufs Wasser, sie darf nicht eingetaucht werden!
Jetzt warte ruhig.
Die Blütenblätter öffnen sich langsam wie bei einer richtigen Blume.

Tipp:
Wenn du mehr als eine Lotusblume haben möchtest, mach dir von der ausgeschnittenen Blume eine Schablone, bevor du sie zu Wasser lässt.

Dein Schutzengel

Ich glaube, dass es Engel gibt, die uns begleiten. Du hast bestimmt schon einmal von einem Schutzengel gehört. Überlege dir, welchen Schutz du brauchst.
Brauchst du einen Mut-Engel, der dich beschützt, weil du dich manchmal ängstlich fühlst ?
Brauchst du einen Sprech-Engel, weil dir manchmal die Worte fehlen ?
Brauchst du einen Ruhe-Engel, weil du dich manchmal so schnell aufregst oder wütend wirst ?
Welchen Engel brauchst du ?
Diesen Engel hier kannst du ausmalen, ausschneiden und an deinem Bett oder wo immer du sonst magst, aufhängen.

Ein Mandala zum Ausmalen

Das Wort Mandala kommt aus dem Sanskrit und bedeutet Kreis. Wenn du genau hinschaust, wirst du in der Natur oder auch zu Hause viele Kreisformen finden. Mandalas zum Malen helfen dir, dich wohlzufühlen.

Hier entsteht dein eigenes Mandala

Suche dir einen ruhigen Platz, an dem du nicht gestört wirst.
Vielleicht magst du beim Ausmalen eine entspannende Musik hören.

Mantras

Mantras sind kurze oder auch längere Sprechgesänge, die beruhigen, sammeln und Kraft bringen. Der Körper wird von innen bewegt.

Im Sinne des folgenden Mantras möchte ich mich hiermit von euch verabschieden.

„Om Gam Ganapataje namah"

Es bedeutet :
In die Welt kommen, seine innere Kraft spüren, Reichtum, Erfolg und Glück haben.

Und so fit bleibst du, wenn du regelmäßig Yoga übst!
Gisela Riester ist die Oma von Viviane (9J.) und Julian (12J.), den beiden anderen Fotomodellen. Sie ist 76 Jahre alt.

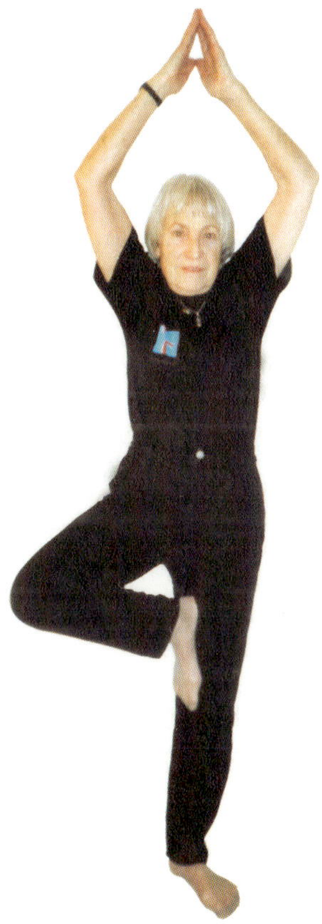

Literauturverzeichnis

Kragh, Elke: *Yoga in der Schule.* AOL, D-77839 Lichtenau. 2003, 6. Auflage.

Iyengar, B.K.S.: *Licht auf Yoga.* O.W. Barth Verlag. 1986, 5. Auflage.

Singleton, Mark: *Yoga mit Kindern.* Nymphenburger Verlag. München.

Rank, Christine: *Der kleine Yogi,* Menschenkinder. 2004. Münster. 1999, 2. Auflage.

Weitere Bücher aus dem Verlag Via Nova:

Kraftquelle Yoga

Das Praxisbuch des Viniyoga

Gary Kraftsow

2. Auflage

Paperback, 360 Seiten,
Großformat, über 1000 Fotos –
ISBN 978-3-86616-027-9

„Der Stern des Yoga geht auf." Mit diesen Worten beginnt ein Buch, dessen Lektüre für alle Yoga-Praktizierenden zu einer Sternstunde des Yoga werden kann. Im ersten Teil des Buches, das auf einzigartige Weise eine Vielzahl von Themen in großer Tiefe behandelt, erläutert der Autor die Grundlagen der Yoga-Praxis, zu denen körperliche Haltungen, der Atem und der richtige Aufbau einer Yoga-Stunde gehören, sowie die Biomechanik der Bewegung anhand einer Reihe praktischer, in sich abgeschlossener Übungsreihen. Der zweite Teil behandelt das enorm große Heilungspotenzial, das der Yoga-Therapie innewohnt. Für eine Vielzahl körperlicher und seelischer Erkrankungen zeigt der Autor – stets wissenschaftlich fundiert – eine Fülle von Übungsreihen und Haltungen, die in hohem Maße zu ihrer Heilung beitragen können. Einzigartig sind auch die exzellenten, über 1000 fotographischen Darstellungen und detaillierten Anleitungen zu den einzelnen Asanas. Dieses Buch ist eine Goldgrube praktischen Wissens, das den Leser immer wieder zu neuen Erkenntnissen führen wird.

Yoga-Üben in Schritten

2. Auflage

Der Einheit auf der Spur –
über 40 „äsanas" im Detail

Helga Pfretzschner

Hardcover, 384 Seiten, 680 Abbildungen
ISBN 978-3-928632-86-7

In diesem Buch werden nicht nur Yoga-Haltungen mit 680 Abbildungen detailliert erklärt, sondern es wird auch ein strukturierter Übungsweg zu den einzelnen Positionen vorgestellt. Neben der ausführlichen Darstellung jeder Haltung werden Ausgleichsübungen, Wirkungen, Vorsichtsmaßnahmen sowie Alternativen erläutert. Die Autorin versteht es, den ganzheitlichen Aspekt – vom Groben bis ins Feinste – in die Körperpraxis einzubringen. Es geht nie allein darum, mit dem Körper zu arbeiten, sondern letztendlich mit allen Ebenen des Seins in den Dialog zu kommen. So werden zu jeder Haltung die Symbole veranschaulicht, und damit wird eine tiefere Schicht des Bewusstseins angesprochen. Das Buch gibt allen Yoga-Übenden und den Yoga-Lehrenden inspirierende Anregungen für ihre Praxis. Es spricht aber auch Menschen an, die sich neu auf Yoga einlassen wollen; ihnen gewährleistet es eine sorgfältige, systematisch aufgebaute Anleitung.

Pranayama

Vitalität und geistige Klarheit
durch Atemschulung

Ranjit Sen Gupta

Hardcover, 184 Seiten, 33 Abbildungen
und Grafiken
ISBN 978-3-86616-012-5

Der Atem ist unser ständiger Begleiter. Durch ihn können wir Prana aufnehmen, die kosmische Lebenskraft und Energie. Pranayama – eine der zentralen Praktiken des Yoga sowie das vierte Glied im achtgliedrigen Yoga des Patañjali – ist die bewusste Wahrnehmung und Lenkung dieser kosmischen Lebenskraft, die allen Lebewesen in gleichem Maße zuteil wird. Das klar strukturierte und sehr fundierte Buch will Menschen ansprechen, die in der modernen und oft so hektischen Welt von heute wieder zu innerer Ausgeglichenheit, Ruhe und Harmonie finden wollen. In einer klaren und leicht verständlichen Sprache beschreibt der Verfasser sehr detailliert eine ganze Reihe verschiedener Pranayama-Übungen, erklärt ihre Wirkung und gibt Anleitungen zu ihrer Durchführung. Darüber hinaus geht er auf die Physiologie der Atmung ein, erläutert geeignete Formen der Vorbereitung auf die einzelnen Pranayama-Übungen und vergisst auch nicht den Yoga, der ja die eigentliche Grundlage des Pranayama ist.

Die Heilkraft der Mudras

2. Auflage

Körperliche Gesundheit, geistiges Wohlbefinden und spirituelle Kraft durch Finger-Yoga

Acharya Keshav Dev

Hardcover, 148 Seiten, 84 Fotos
ISBN 978-3-936486-78-0

Mudras sind Yoga-Haltungen, die mit den Fingern ausgeführt werden. Archarya Keshav Dev hat diese alte indische Wissenschaft als Schlüssel zu Gesundheit und Wohlbefinden für die moderne Welt von heute wieder neu entdeckt und durch eigene Mudras zusätzlich bereichert. In einer einfachen und leicht verständlichen Sprache beschreibt dieses Buch die wichtigsten Fingerhaltungen und erklärt ausführlich, welche erstaunlichen positiven Wirkungen Mudras auf die körperliche Gesundheit, das geistige Wohlbefinden und die spirituelle Tiefe des Übenden haben können. Auch die Rolle, die Mudras in der Meditation spielen, wird eingehend erläutert. Zahlreiche Fotos veranschaulichen die beschriebenen Mudras und machen es dem Leser leicht, sie eigenständig zu erlernen und zu üben.

YOGA – Tradition und Erfahrung

Die Praxis des Yoga nach dem Yoga Sûtra des Patañjali

3. Auflage

T.K.V. Desikachar

Gebunden, 248 Seiten,
215 Zeichnungen
ISBN 978-3-928632-00-3

T.K.V. Desikachar ist Sohn und engster Schüler von T. Krishnamacharya, einem der bedeutendsten Yogameister unseres Jahrhunderts.

Folgende Krititerien zeichnen dieses Buch aus:
- Anpassung des Yoga an den einzelnen Menschen, an seine Bedürfnisse und seine Erfordernisse.
- Erläuterung der psychologischen und philosophischen Konzepte des Yoga Sutra des Patañjali und deren Verbindung mit der alltäglichen Yogapraxis.
- Darstellung und Bedeutung des Atems und des Wertes von Asana, Prāṇāyāma und Bandha für die Hinführung zu Dharana und Dhyana.
- Verwirklichung des Prinzips von Vinyasa Krama: Das schrittweise Hinführen zu den unterschiedlichen Techniken des Yoga.
- Reichhaltig illustrierte Übungsfolgen und die Beschreibung vieler Variationen der klassischen Asanas.

Yoga für Seele, Geist und Körper

Übungen für 52 Wochen

Gertrud Hirschi

Paperback, 272 Seiten,
580 Abbildungen
ISBN 978-3-936486-38-4

6. Auflage

Mit ganzheitlich angelegten Übungsfolgen, verbunden mit positiven Visualisationen und Affirmationen, vermittelt die bekannte Bestseller-Autorin *(„Mudras, Yoga mit dem kleinen Finger“)* die wunderbare Chance, eine neue Haltung dem Leben gegenüber zu finden. Mit diesem reich illustrierten Yoga-Buch können Sie körperliches Wohlbefinden, höhere Leistungsfähigkeit oder einen stressfreien Alltag erreichen, Ihre Spiritualität besser zum Ausdruck bringen, mehr Tiefe in Ihrer Meditation finden, Ihre Lebenskräfte steigern und Ihre Beziehung verbessern. Das Buch ist sowohl für Fortgeschrittene als auch für den Anfänger geeignet, der damit einen Einstieg in den Yoga wagen kann. Die Autorin erklärt die richtige Übungsweise und den begleitenden Atem und gibt Hinweise zur Bewältigung des Alltags. In 52 Wochenthemen werden die verschiedensten Aspekte des Lebens angesprochen. Die Körperübungen – ausgewählt nach dem neuesten Stand medizinischer Erkenntnisse – garantieren Ihnen ein rückengerechtes Üben.

Partner-Yoga

Eine Bereicherung für Körper, Geist und Seele

Heike Mayer und Doris Inding

Hardcover, 160 Seiten
ISBN 978-3-936486-34-6

Dieses Buch ist das erste Partner-Yoga-Buch auf dem deutschen Büchermarkt. Der Partner-Yoga, der – wie der Name verrät – im Vergleich zum normalen Yoga immer zu zweit durchgeführt wird, bietet die Möglichkeit, Yoga in einer anderen Dynamik und Intensität zu erleben. Durch die Unterstützung des Partners können die Übenden ihre vermeintlichen Grenzen in erstaunlichem Maße überschreiten. Durch die Unterstützung des Partners gelingt es leichter, eine neue Tiefe der Körper- und Selbsterfahrung zu erleben. Die Ha-Tha-Energie fließt dabei zwischen den Partnern und findet ihre Ergänzung in dem Gegenüber. Das spiegelt sich unter anderem im synchronen Atem wider. Dieser verbindet nicht nur auf der grobstofflichen, körperlichen, sondern auch auf der feinstofflichen, geistigen Ebene. Es ist erstaunlich, wie schnell ein Feingefühl entwickelt wird, um zu spüren, in welchem Moment der Partner die physische Unterstützung braucht.

Yoga und Feldenkrais 1

Bewegung in der Nicht-Bewegung

Martin Woznica

Band 1: Hardcover, 184 Seiten,
350 mehrfarbige Fotos
ISBN 978-3-86616-011-8

Band 2: Hardcover, 276 Seiten
ISBN 978-3-86616-044-6

Dieses sehr ansprechende Yogabuch bietet durch die vielen farbigen Fotos eine ausführliche Anleitung für die klassischen Hatha-Yoga-Stellungen. Was es dabei besonders auszeichnet, sind die Vorbereitung und Hinführung zu den einzelnen Stellungen: Sie stammen jeweils aus der Feldenkrais-Methode. Dieses Vorgehen verbessert die Selbstwahrnehmung, schützt vor Verletzungen und eröffnet selbst dem Geübten völlig neue Perspektiven. Gleichzeitig rückt auf diesem Weg die Entwicklung der eigenen Erfahrung in den Vordergrund, was zu einer umfassenden Bewusstheit und letztlich zur Selbsterkenntnis führt. Und hier liegt ja das Ziel der Feldenkrais-Methode bzw. des Yoga. Sie finden in diesem Buch eine große Auswahl entspannender Atemübungen und wohltuender Yoga-Stellungen. Der Einsteiger bekommt ebenso eine sichere Anleitung wie der Fortgeschrittene. Das einfache, spielerische Vorgehen führt den Einsteiger an die Yoga-Stellungen heran. Auf demselben, von der Feldenkrais-Methode unterstützten Weg findet der Fortgeschrittene eine ausführliche Anleitung für die Yogahaltungen.

Mit Yoga Nidra das Leben meistern

Das Energiepotenzial des Unbewussten erkennen und die Kreativität der Alpha-Ebene nutzen

Anna Röcker

Hardcover, 192 Seiten
ISBN 978-3-86616-069-9

Leicht erlernbare „magische“ Praktiken ermöglichen es auf verblüffend einfache Weise, die Fähigkeiten des Geistes optimal und zielgerichtet zu nutzen. Auf verschiedenen Stufen führt Yoga Nidra von einer ganzheitlichen, tiefen Entspannung bis hin zur Lösung von alten Mustern und Blockaden sowie Programmierungen aus der Kindheit. Davon frei zu werden eröffnet völlig neue Möglichkeiten, die innere Stimme zu hören und das eigene kreative Potenzial zu entwickeln und für die eigene Lebensgestaltung einzusetzen. Im besten Sinne führt Yoga Nidra nicht nur zur eigenen Weiterentwicklung und inneren Freiheit, sondern zur Mitgestaltung und Erhaltung der Schöpfung. Yoga Nidra ist für jeden Menschen geeignet, da es sich um ein in sich schlüssiges System handelt. Das uralte Yoga Nidra-Wissen wird damit zum Schlüssel für die „neue Zeit“, von der die moderne Gehirnforschung spricht.

Mit Yoga Nidra das Leben meistern, CD

Das Energiepotenzial des Unbewussten erkennen und die Kreativität der Alpha-Ebene nutzen

Anna Röcker

Übungs-CD
ISBN 978-3-86616-070-5

Das 7-Schritte-Programm auf CD, um in den Alpha-Zustand zu kommen

1. Das 7-Schritte-Programm
   Einstieg – Mentale Klärung – Tiefenentspannung – Energielenkung in den Körper – Sankalpa, das „Zauberwort“ –
   Vertiefung mit Symbolen – Abschlussformel
2. Geführte Yoga Nidra-Übungen
   Stärkung des Immunsystems – Schlafprogrammierung – Anleitung zur kreativen Problemlösung

Das große Ayurveda-Kinder-Gesundheitsbuch

bessere Gesundheit, mehr Lebensfreude, höhere Intelligenz

Dr. med. Detlef Grunert

Hardcover, 240 Seiten, 140 Fotos, Großformat
ISBN 978-3-86616-074-3

In diesem Buch hat der Arzt, Ayurveda-Therapeut und Ausdauersportler Dr. D. Grunert alle Themen berücksichtigt, die für eine optimale Förderung und Erziehung der Kinder und Jugendlichen notwendig sind. Gesunde Ernährung, Bewegungsförderung und Sport, ganzheitliche Behandlung von Erkrankungen im Kindes- und Jugendalter und wirklich ganzheitliche Prophylaxe sind zentrale Themen des Buches. Ayurveda liefert die Konzepte für eine individuelle Förderung der Kinder. Ayurveda für Erwachsene ist bereits hochaktuell (siehe Presse etc.). Jedes Lebewesen hat individuelle Eigenschaften! Diese Unterschiede werden im Ayurveda durch die Konstitiution beschrieben. Wenn Sie die Konstitution Ihres Kindes kennen, wissen Sie auch, welche Ernährung, welcher Sport, welche Bewegung, welche Umgebung etc. ideal wäre, um die Gesundheit zu erhalten. Das Buch ist auch für Laien verständlich geschrieben. Die Ratschläge und Tipps sind tatsächlich umsetzbar. Das Konzept und der Inhalt des Buches sind sicher auch für alle interessant, die professionell mit Kindern und Jugendlichen zu tun haben, für Lehrer, Erzieher, aber auch Allgemein- und Kinderärzte und natürlich für alle Ayurveda-Interessierten.

Chakra Vokal-Training

Chakras und die magische Kraft der Stimme

Joachim Sevenich

Paperback, 176 Seiten, 36 Grafiken und Tabellen
ISBN 978-3-86616-015-6

Das Buch *Chakra Vokal-Training* zeigt in eindrucksvoller Weise, wie die Töne und Vokale unserer Stimme eingebettet sind in ein machtvolles Wirken von Klang und Schwingung. Der Autor hat ein richtungsweisendes Werk geschrieben, in dem er anschaulich darstellt, wie aus den Vokalen in Verbindung mit den Hauptenergiezentren, den Chakras, schöpferisches Wirken entsteht. Egal, ob Sie sich meditativ versenken, Ihre Selbstheilung anregen oder Wünsche realisieren möchten, der praktischen Anwendung des Vokal-Trainings im Alltag sind keine Grenzen gesetzt. Selbst bei der Partnersuche, Prüfungsvorbereitung oder Erkenntnisgewinnung kann die zauberhafte Kraft der Stimme kreativ angewendet werden. Durch Anleitungen, speziell zur Kommunikation mit Herz und Seele, wird zudem der Kontakt zu Ebenen ermöglicht, die im Alltag allzu leicht verschüttet sind und die doch eine absolute, persönlich erfahrbare Wahrheit beinhalten. Damit Sie selbst die ganz neuen Seiten Ihrer eigenen Stimme erfahren können, laden viele Übungen dazu ein, die faszinierenden Möglichkeiten des Vokal-Trainings leicht und mit Spaß zu erproben.

Die Lamafrau

Mit Mut in ein neues Leben

Maria Köllner

Paperback, 200 Seiten
ISBN 978-3-86616-072-9

In diesem Buch wird die authentische Geschichte einer Frau erzählt, die sich auf eine lange Suche nach dem Traum ihrer Kindheit begibt – einem Hof mit Tieren. Mit Mut und einem wachsenden Vertrauen in einen „Weltenlenker", der sie sicher führt, findet sie ihren Weg in ein glückliches Leben, das Probleme natürlich nicht ausschließt. Zu einer Schlüsselfigur wird das Zirkuslama „Sancho" – deshalb auch der Name „Lamafrau", den sie sich selbst gibt, als sich ihr Traum zu erfüllen beginnt. Dieses Buch soll dem Leser Mut machen, das Leben vertrauensvoll im Glauben an sich selbst und an eine höhere, wohlwollende Macht zu meistern, alte Räume und Verletzungen hinter sich zu lassen und Neues zu wagen. Die Autorin möchte ein gefühlvolles Verständnis für die Natur und besonders für Tiere vermitteln, die auf dem neuen Weg ihre Lehrer wurden. Die „Mutregeln" nach jedem Kapitel sind ein Resümee und gleichzeitig eine Ermunterung für die Leser. Wer einen Wegweiser für sich und Ermutigung sucht, wird in diesem Buch beides finden.

2. Auflage

Das Geheimnis der Quelle

Ein Yogamärchen

Barbara Schenkbier

Gebunden, 144 Seiten, 12 farbige, ganzseitige Illustrationen und 24 Zeichnungen
ISBN 978-3-9801787-0-9

Barbara Schenkbier ist es in ihrem Buch „Das Geheimnis der Quelle" gelungen, in Märchenform tiefe Lebensweisheiten und die wichtigsten Stufen des Yoga-Weges zu beschreiben. Die Natur in ihrer Vielfalt wird zum Sprachrohr der geistigen Welt. Naturkräfte, Blumen, Tiere und Naturwesen lehren wichtige Hatha-Yogahaltungen, die auch in Abbildungen am Schluss des Buches dargestellt sind. Der Leser lernt die wesentlichen Grundgesetze des Daseins, eine gesunde Lebensweise und Wege zu einem glücklichen, erfüllten Leben kennen. Er erfährt bedeutende Weisheiten der Yoga-Philosophie, und es werden ihm die großen traditionellen Yoga-Wege aufgezeigt. Das Märchen ist ganz durchwoben von zarter Poesie, überraschenden Ideen, tiefgründigen Erkennissen, geistigen Impulsen und spiritueller Kraft.

2. Auflage

Die Geschichte vom kleinen Häschen Liebe

Ein Märchen für Kinder und Erwachsene

Chuck Spezzano

Gebunden, 104 Seiten, 12 ganzseitige farbige Illustrationen
ISBN 978-3-928632-47-8

Chuck Spezzano setzt mit seinem bezaubernden Märchen das fort, was er in seinen Seminaren, Vorträgen und Büchern tut: Er bringt die Menschen dazu, das göttliche Licht in sich selbst und allen anderen Wesen zu erkennen und daran zu glauben, dass diese Vision Wirklichkeit wird. „Die Geschichte vom kleinen Häschen Liebe" verzaubert nicht nur Kinder, sondern führt auch Erwachsene nach innen zu ihrem wahren Wesen, das Licht ist. Es berührt die Seele, öffnet die Herzenstore und nimmt die Leser mit in das Schwingungsfeld der Liebe hinein. In vielen heiteren Begebenheiten der Hasenfamilie, in der Beschreibung ihres Alltags und in ihrem Verhalten leuchtet gleichsam die neue Zeit auf, eine Zeit der Freude, der Freundschaft, der Hilfsbereitschaft, der Liebe und des Friedens. Dieses Häschen wird geradewegs in Ihr Herz hoppeln und Sie daran erinnern, dass auch in Ihnen dieses Licht lebendig ist.

Meine Hände helfen und heilen

Jin Shin Jyutsu®
Selbsthilfe für Kinder und Jugendliche

Tina Stümpfig-Rüdissen

Paperback, 120 Seiten, über 100 vierfarbige Fotos
ISBN 978-3-86616-116-0

Wenn die Energie frei im Körper fließt, fühlt sich der Mensch gesund und wohl. Energieblockaden können zu Missstimmungen, Ängsten oder Konzentrationsschwächen führen, aber auch zu organischen Störungen und Krankheiten. Mit diesem Buch, entstanden aus vielen Jin Shin Jyutsu-Selbsthilfekursen, will die Autorin speziell Kindern und Jugendlichen Möglichkeiten aufzeigen, wie sie selbst ihre Lebensenergie wieder ins Gleichgewicht bringen können, mit Ängsten, Wut, Trauer u. a. umgehen und bei verschiedenen Krankheiten ihre Selbstheilungskräfte aktivieren oder sogar bei Schulproblemen sich selbst helfen können. Mithilfe von Fotos und Erklärungen lernen sie, sich selbst eigenverantwortlich wahr- und ernstzunehmen und mit einfachen Handgriffen in Harmonie und Entspannung zu bringen, eine wertvolle Ergänzung zu herkömmlichen Heilmethoden.